企业社会责任
及其标准

CORPORATE SOCIAL
RESPONSIBILITY
and Its Standards

苏芏仪　邵森绎　滕敏君　◇著

中国财经出版传媒集团

经济科学出版社
Economic Science Press

图书在版编目（CIP）数据

企业社会责任及其标准／苏芷仪，邵森绎，滕敏君
著．－－北京：经济科学出版社，2023.9
ISBN 978－7－5218－4331－6

Ⅰ．①企…　Ⅱ．①苏…②邵…③滕…　Ⅲ．①企业责
任－社会责任－研究　Ⅳ．①F272－05

中国版本图书馆 CIP 数据核字（2022）第 215773 号

责任编辑：刘　丽
责任校对：蒋子明
责任印制：范　艳

企业社会责任及其标准

苏芷仪　邵森绎　滕敏君　著

经济科学出版社出版、发行　新华书店经销

社址：北京市海淀区阜成路甲 28 号　邮编：100142
总编部电话：010－88191217　发行部电话：010－88191522
网址：www.esp.com.cn
电子邮箱：esp@esp.com.cn
天猫网店：经济科学出版社旗舰店
网址：http://jjkxcbs.tmall.com
北京季蜂印刷有限公司印装

710×1000　16 开　12.5 印张　180000 字
2023 年 9 月第 1 版　2023 年 9 月第 1 次印刷
ISBN 978－7－5218－4331－6　定价：68.00 元

（图书出现印装问题，本社负责调换。电话：010－88191545）
（版权所有　侵权必究　打击盗版　举报热线：010－88191661
QQ：2242791300　营销中心电话：010－88191537
电子邮箱：dbts@esp.com.cn）

序

　　数字经济时代，技术不仅深刻改变着人们的生活和行为习惯，而且挑战和改变着经济运行的传统制度和规律，传统消费形态正在经历一场剧烈的迭代进化。越来越多的消费者在关注产品功能的同时，开始注重企业在生产过程中是否符合人类共同利益。这也意味着，企业履行社会责任成为大势所趋。企业是社会主义市场经济的主体，也是社会建设的重要力量。2020 年 7 月 21 日召开的企业家座谈会上，习近平总书记提出："社会是企业家施展才华的舞台。只有真诚回报社会、切实履行社会责任的企业家，才能真正得到社会认可，才是符合时代要求的企业家。"这一论述深刻地揭示了新时代企业家与经济社会发展之间的紧密关系。

　　虽然企业社会责任的概念最早由西方提出，但在中华民族的传统文化中早已蕴含着丰富的企业社会责任理念和思想，如"君子以仁存心，以礼存心。仁者爱人，有礼者敬人"（《孟子·离娄下》）；"恻隐之心，仁之端也"（《孟子·公孙丑上》）。企业社会责任要求企业不以追求利润为唯一目的，同时对利益相关者有所贡献，即是"仁"的体现。企业是兼具经济属性与社会属性的组织，落实社会责任必然涉及企业经济利益与社会利益的双重考量。先秦诸子对"义"与"利"进行了大量深入而细致的探讨，倡导人们正确处理义与利的关系。如"利，义之和也"（《左传·襄公九年》）；"义，利之本也"（《左传·昭公十年》）；"德义，利之本也"（《左传·僖公二十七年》）；"义以生利，利以平民，政之大节也"（《左传·成公·成公二年》）。先贤们强调合于义的方能称作利，在产生利的过程中，义为本，利为末，切莫本末倒置。

近年来，社会责任逐渐成为可持续发展背景下新的全球共识和话语环境，社会责任也肩负着新的使命。在这种情况下，回顾企业社会责任及其标准的发展脉络，准确认识"时与势"的逻辑和趋势，正确对待和处理"义与利"的关系，有利于我们更好地参与全球经济合作和友好对话，充分利用它提供的机遇与有利条件来加快发展自身，理性应对未来社会和经济发展所可能带来的新变化、新挑战和新要求。本书即是基于上述想法的研究成果。

本书聚焦于企业社会责任，详细讲述了企业社会责任定义、研究综述、研究趋势与评价体系，梳理了企业社会责任的相关理论，阐述了企业社会责任标准以及企业社会责任认证。本书提供了较为完善的企业伦理与社会责任知识体系，有助于读者深入研究企业社会责任理论，促进对社会责任概念的理解。对于企业应积极履行企业社会责任，并将其融入中国本土的商业和社会环境，从而进一步提升企业社会责任的市场竞争效应和价值效应具有重要意义。

本书各章主要讲述以下内容。

第一章围绕企业社会责任概述展开，分别从企业社会责任的定义、前因后果研究综述、研究趋势以及评价体系进行阐述。首先，企业社会责任的定义详细地介绍国内外学者对企业社会责任的理解；其次，企业社会责任前因后果研究综述系统地总结了当下企业社会责任的研究热点；再次，企业社会责任研究趋势为读者指明了未来研究方向；最后，企业社会责任评价体系为企业社会责任的实施提供重要指导与保障。

第二章围绕企业社会责任理论展开，分别从企业社会责任理论的缘起、企业社会责任内部与外部驱动因素的相关理论以及与企业社会责任相关的其他理论四个方面进行阐述。首先，企业社会责任理论的缘起介绍了理论的背景、起源与演化趋势；其次，根据综合概念框架将企业社会责任理论分为内、外部驱动因素进行总结与归纳；最后，从与企业社会责任相关的其他理论对以上内容进行补充。

第三章围绕企业社会责任标准概述展开，分别从企业社会责任标准内涵、缘起以及分类三个方面进行阐述。首先，企业社会责任标准内涵包括其定义与必要性，强调了企业社会责任标准的重要性；其次，企业社会责任标准缘起将国际标准与中国特色社会主义相结合，详细介绍了中国特色企业社会责任标准的构建；最后，企业社会责任标准分类分别从国际、国内和行业三个维度进行更为细致的分类。

第四章围绕企业社会责任标准认证展开，分别从国际企业社会责任标准认证概念、我国企业社会责任标准认证和案例分析进行阐述。首先，国际企业社会责任标准认证分别对 SA 8000、ISO 26000 进行归纳和总结；其次，我国企业社会责任标准认证和案例分析部分，介绍了 GB/T 36000—2015 与社会企业的认证；最后，将两者结合到企业案例中，便于读者更好地理解。

本书由苏芷仪、邵森绎、滕敏君组织撰写，研究生孔维苇、刘昕颐、张如水、金帅协助参与了本书的写作，常一笑、许彦赜、张兴杰协助参与了本书的文献收集，感谢他们为本书作出的贡献！本书写作得到了以下项目的基金资助：国家自然科学基金青年项目"企业知识产权竞争行动及其对企业绩效的影响机制研究：基于动态竞争理论视角"（批准号：71802138）；桂林电子科技大学科学研究基金项目"产学研协同创新模式的影响机制研究"（批准号：US20013Y）；桂林电子科技大学研究生教育创新项目"绿色金融政策能促进重污染企业的绿色转型吗？——基于《绿色债券支持项目目录》的准自然实验"（项目编号：2023YCXS091）；桂林电子科技大学研究生教育创新项目"乡村振兴促进条例对地区农业合作的影响研究——基于倍差法的倾向评分匹配（DID－PSM）估计"（项目编号：2023YCXS095）。在此表示由衷的感谢。本书在写作过程中参阅了大量文献资料，在此对相关作者表示诚挚的感谢。

目 录

第一章　企业社会责任概述

第一节　企业社会责任的定义

一、国外学者关于企业社会责任的定义

企业社会责任（Corporate Social Responsibility，CSR）已经被社会广泛接纳，并成为国际普遍认同的主流社会价值观。但国外学者对企业社会责任的定义与研究至今还没有形成一套固定的体系，在不同的视角和标准下，企业社会责任的定义归纳也不尽相同。本章根据卡罗尔（Carroll，1979）的四层金字塔理论针对企业社会责任定义将其分为经济责任、法律责任、道德责任、慈善责任和互动五个方面进行梳理，具体内容如表 1 - 1 所示。

表1-1   国外学者对企业社会责任的定义

分类	定义	主题和代表学者
经济责任	为利益相关方创造直接和间接的经济价值	（1）直接经济利益：为股东创造价值，最大化利润和利益（Freeman，1998）。 （2）间接经济利益（Carroll，2016） ①创造社区和公司双向利益（Porter & Kramer，2006）。 ②企业公民行为的表现（Waddock，2008）。 ③体现企业的价值主张（Carroll，2016）。 ④反映当地社区的认可（Esteves，2008）。 ⑤识别风险与机会（Gamu et al.，2015）
法律责任	在法律框架内追求自身利益的最大化	（1）法律框架：政府针对资源开发以及环境和社区可接受风险水平建立的法律框架（Michell & Mcmanus，2013）。 ①当地所有权立法：赋予当地人民资源开发谈判并获得补偿的权利（Ciaran，2008）。 ②协议：要素企业和当地团体就土地所有权达成的法律协议（Ciaran，2008）。 （2）国际标准（Cramer，2005）
道德责任	符合利益相关者或社会期待的道德考量	（1）可持续发展：将企业社会责任与创造更广泛的可持续发展成果联系起来。 ①三重底线：平衡经济、环境和社会三方利益（Dahlsrud，2008）。 ②弱可持续性：将资源开发的资产转化为社会资本。 a. 创造长期价值：以建立社区资产为基础，为当地社区创造长期利益（Fordham & Robinson，2017）。 b. 可持续生计：创造可持续性的社区生计（Fordham & Robinson，2017）。 ③强可持续性：保护不可替代的资产免受资源开发的影响（Moran et al.，2013）。 a. 环境保护和恢复：保护环境，并在实际意义上恢复环境或抵消开发所造成的影响。 b. 矿场修复：确保矿场修复，同时减少有害的场外影响（Lamb et al.，2015）。 c. 叠加影响：解决资源开采的叠加影响，例如对水、生物多样性的影响以及社会/经济影响（Franks et al.，2010）。

续表

分类	定义	主题和代表学者
道德责任	符合利益相关者或社会期待的道德考量	d. 文化遗产：保护景观的文化遗产价值。 （2）气候变化：通过企业社会责任活动来解决气候变化问题，例如减少/减缓碳排放（Allen & Craig，2016）。 （3）人权：将人权纳入企业社会责任，使之符合《世界人权宣言》。 ①当地社区的权利：考虑受影响社区的权利，包括减轻资源开发对人权造成的负面影响。 ②当地居民权利：将当地居民权利纳入企业社会责任，包括改善其社会和经济情况等政策。 ③自由事先知情同意：在开发、利用或开采资源之前，应本着诚意，通过当地居民的代表机构，与当地居民协商和合作，征得他们的自由知情同意（Owen & Kemp，2014）
慈善责任（自由裁量）	企业自发、主动地履行对提高社会整体福利水平有利的责任	（1）公司道德行为：反映公司从事合乎道德的行为，超越监管要求，展现出诚实和信任的能力（Garriga & Melé，2004）。 （2）社区发展：促进社区发展和建立社区资产的企业社会责任项目（Owen & Kemp，2012）。 ①创造社会变革：制定企业社会责任战略，通过提高人类的能力和技能，创造社会变革，使社区摆脱贫困（Fordham，2017）。 ②社区融入公司：公司将自己视为社区的一部分，并参与和融入社区活动，以实现社区发展。 ③支持企业发展和就业：促进社区发展的企业社会责任战略是支持当地企业发展和就业。 ④支持教育计划：实施多层次的教育计划。 （3）战略性企业社会责任：寻找能为企业和社会创造共享价值的机会，包括价值链上的创新和竞争环境的投资，以因应外在威胁和机遇（Eberhard et al.，2013）
互动	与其他群体的社会交换或互动行为	（1）公司与社区之间的互动： ①参与和沟通（Moratis & Brandt，2017） ②关系建立和信任（Waddock，2008） ③合作（Franco & Ali，2017）。 （2）问责制度：提高透明度，并允许进行调整，以改善结果并将风险降至最低（Okoye，2009）。 （3）赋权和自主决策：在企业或利益相关者的支持下，赋予本地社区参与权和影响力，增进社区的成长和繁荣（Fordham & Robinson，2018）。

分类	定义	主题和代表学者
互动	与其他群体的社会交换或互动行为	(4) 创新：跳出传统认知框架，以创新思维动企业社会责任的可持续发展（Kinnear & Ogden，2014）

资料来源：Fordham A E, Robinson G M. Mapping meanings of corporate social responsibility——an Australian case study ［J］. *International Journal of Corporate Social Responsibility*，2018，3（1）：1－20.

二、国内学者关于企业社会责任的定义

相对于西方国家而言，中国学术界对企业社会责任的研究起步相对较晚，通过借鉴西方国家对企业社会责任的研究成果，中国对企业社会责任的定义较为统一。高颖（2022）指出企业社会责任是企业在发展的过程中根据社会的需要并结合实际，在追求自身利益过程中以法律责任为主、企业道德为辅对利益相关者利益和整个社会福祉提升而承担的经济、法律和伦理责任等，具体如表1－2所示。

表1－2　　　　　　国内学者对企业社会责任的定义

主题	代表对象	定义
保障企业经济利益	企业	企业社会责任要还原企业的原本面目（张文魁，2005）： ①将企业做大做强； ②节约能源
维护利益相关者权益	员工、社会和环境	(1) 企业社会责任实际上就是对与企业有密切关系的利益相关者承担责任（王加灿，2006；陶欣欣，2022）： ①对投资者的社会责任； ②对消费者的社会责任； ③对企业职工的社会责任； ④对债权人的社会责任； ⑤对政府的社会责任； ⑥对社会的社会责任

主题	代表对象	定义
维护利益相关者权益	员工、社会和环境	（2）企业在创造利润、对股东利益负责的同时，还要承担对员工、社会和环境的责任（王茂林，2005；陈留彬，2006）： ①商业道德； ②生产安全； ③职业健康； ④保护劳动者合法权益
增加社会利益	社会	（1）企业社会责任指企业在谋求股东利润最大化之外所赋予的维护和增进社会利益的义务（卢代富，2002；李增福，2016）； （2）企业为所处社会的全面发展和长远利益而必须关心、全力履行的责任，是企业对社会的生存和发展在道义方面的积极参与（张应杭，2002）

资料来源：根据中国知网数据库整理而得。

第二节　企业社会责任前因变量研究综述

关于企业社会责任的前因变量研究主要集中在公司治理、制度因素、关系和竞争等方面，本节将针对这四个方面进行文献梳理。

一、公司治理

在公司治理方面，学者主要围绕董事会特征、企业所有权、企业战略和高管薪酬激励等因素对企业社会责任的影响展开研究。首先，研究发现董事会特征与企业社责任决策相关（Chang et al.，2017；赵玮琪和廖欣怡，2022），例如高管人口统计特征（王士红，2016；Hyun et al.，2021）、背景特征（张正勇和吉利，2013）、任职特征（郑冠群等，2015；罗正英等，2018）、团队异质性（张兆国等，2018）。其次，有学者提出企业所有权性质与企业社会责任存在双向互动关系（毛志宏和金龙，2016；Ang et al.，2022），一部分学者指出国有股、法人股和流通股与企业社会责任存在负相关关系（林丽阳和李桦，2013）；另一部分学者认为相比较非国有企业，国有企业社会责任表现更好（冯丽丽等，2011；杨忠智和乔印虎，2013；谭雪，2017）。再次，部分学者认为企业战略与企业社会责任存在相关性（罗元大和熊国保，2021），现代信息技术的发展催生了企业数字化转型，学术界研究发现企业数字化转型战略与企业社会责任两者之间相互促进（朱昊然等，2022），数字化转型能增强企业履行社会责任的意愿（申明浩等，2022）。罗元大等（2021）研究发现，相对于防御型战略和分析型战略，探索型战略披露社会责任信息的质量更差。最后，有学者研究发现高管持股比例和高管薪酬与企业社会责任呈正相关（罗正英等，2018；伍湛清，2021），但也有研究显示高管持股对于企业承担企业社会责任具有显著的负向影响（王海妹等，2014）。

二、制度因素

在外部制度环境规制方面，学者主要围绕法律执行力、监管压力等因素对企业社会责任的影响展开。首先，有研究表明在法律环境和要素市场越完善的地区，企业越能积极地履行社会责任（周中胜等，2012），且政府的行政干预对企业社会责任具有明显的促进作用（靳小翠，2016）。其次，外部监管压力与企业社会责任之间也存在双向关系，有学者研究发现监管距离对企业社会责任产生负向影响，存在"鞭长莫及"效应（肖红军等，2021），但在当企业受到监管处罚后，企业承担社会责任的水平会显著提升（顾小龙等，2021）。另外有学者指出媒体报道通过参与公司治理可以提升企业社会责任感、增加社会责任信息披露（殷红和李晓慧，2015），且政策导向报道、非负面报道对企业社会责任履行具有显著的积极影响（陶莹和董大勇，2013）。

三、关系

在关系方面，学者主要围绕政治关联和社会资本等因素对企业社会责任展开研究。首先，研究发现政治关联对企业社会责任的影响存在显著差异。部分学者认为，有政治关联的企业高管所受到国家政治观念的影响更大，会更加积极承担政府所期待的任务（Gupta et al.，2017）。例如，高管代表委员类政治联系对企业社会责任有显著的促进作用（张川等，2014），且具有政治关联的上市公司更倾向于慈善捐赠（Claessens et al.，2008；贾明和张喆，2010）。但另一部分学者认为对于地方国有企业来说政治关联越强，企业社会责任的履行越差，两者呈显著的负相关（郭岚和苏忠秦，2017）。其次，企业社会资本也是企业履行社会责任的驱动因素之一，有学者指出位于董事会社交网络中心的企业会更倾向于进行慈善捐赠（赵玮琪和廖欣怡，2022）。

四、竞争

在竞争方面，学者主要围绕市场竞争等因素对企业社会责任展开研究。由于产品市场竞争程度存在较大差异，因此企业社会责任的承担水平也会出现较大差异（殷红和杜彦斌，2018）。一部分学者认为，行业竞争程度越高，企业越可能将披露社会责任信息作为信号传递的一种方式（张正勇，2012；谭雪，2017），并积极履行社会责任（罗正英等，2018）。另一部分学者得到相反的结论，即垄断程度高的行业履行社会责任的程度优于竞争程度高的行业，但在捐赠、环保等方面，高竞争行业企业比垄断行业企业更优（杨忠智和乔印虎，2013）。

本节针对企业社会责任的前因变量研究进行了归类梳理，具体如表1-3所示。

表 1－3   企业社会责任的前因变量研究

前因变量		定义	关键词	相关研究
公司治理	董事会特征	公司经营的决策机构	董事会治理、董事会特征	Chang et al.（2017）、赵玮琪和廖欣怡（2022）
	企业所有权	企业的剩余索取权和剩余控制权	所有权性质、产权性质、所有权	毛志宏和金龙（2016）、Ang et al.（2022）
	企业战略	针对市场需求的战略行动	企业战略风险、战略类型	罗元大等（2021）
	高管薪酬激励	企业内部薪酬激励	高管薪酬、高管薪酬激励	刘益平和张文博（2022）、伍湛清（2021）
制度因素	法律执行力	有关企业社会和环境实践的法律法规的强度	执法力度、法律规制	邱一洁（2020）
	监管压力	企业受到外部监管	监管距离、监管处罚	肖红军等（2021）、顾小龙等（2021）
关系	政治联系	企业与政府建立良好关系	政治联系、政治关联	张川等（2014）、郭岚和苏忠秦（2017）
	社会资本	个体或团体之间长期合作建立的联系以及所取得的资源	社会网络、社会资本	Jha & Cox（2015）、买生等（2020）
竞争	市场竞争	企业外部经营环境，通过竞争，优胜劣汰	产品市场竞争、市场竞争	崔大同（2022）、Long et al.（2020）

资料来源：根据中国知网数据库整理而得。

第三节　企业社会责任后果变量研究综述

关于企业社会责任的后果变量研究主要集中在组织管理、产品市场、企业绩效等方面，本节将针对这三个方面进行文献梳理。

一、组 织 管 理

在组织管理方面，学者主要围绕组织信任、生产力和工作意义等因素对企业社会责任展开研究。首先，有学者研究发现在员工心理感知视角下，企业社会责任表现对组织承诺具有直接影响（郗河，2009），酒店行业履行企业社会责任能够促进员工的组织信任和组织承诺（朱奕名，2018）。其次，企业社会责任是市场经济条件下利益相关者对企业逐利行为进行非正式约束的一种必然的制度选择，因此有学者提出企业社会责任与生产效率呈正相关（苏蕊芯和仲伟周，2010；苏冬蔚和贺星星，2011），且两者之间的正向作用会随时间的推移而放大（李晟婷和周晓唯，2018）。最后，研究显示企业履行社会责任与员工工作意义存在相关性（Aguinis & Glavas，2019；谢玉华等，2020），例如，企业社会责任能够提高员工工作满意度（Riordan et al.，1997；Valentine & Fleischman，2008；吕英和王正斌，2009；刘刚和李峰，2011）、员工组织承诺（Brammer et al.，2007；朱奕名，2018）和对潜在员工的吸引力（Turban & Greening，1997；Backhaus et al.，2002）。

二、产 品 市 场

在产品市场方面，主要围绕企业社会责任对声誉、系统风险、客户满意度、信息不对称、合法性、研发支出等因素的影响进行研究。首先，有研究显示通过"信号传递理论"企业履行社会责任能够获得外部合法性（Wang et al.，2017）并提高企业声誉（Famiyeh，2017；Mishra，2017；刘艳博和耿修林，2021）。其次，研究发现企业积极履行社会责任能够降低企业财务风险（吴文洋等，2022）、股价崩盘风险（黄金波等，2022）和系统性风险（全智琪，2022），且能提高企业的风险承担水平（王建玲等，2019；芦静和闵剑，2021）。再次，研究显示企业履行社会责任迎合了消费者的自我概念，继而提高消费者的购买意愿、行为（Ellen et al.，2006；Grimmer & Bingham，2013）和消费者满意度（Conrad et al.，1997；Mithas et al.，2005；辛杰，2010）。同时，有学者提出企业社会责任能够改善股东在财务问题上的沟通，进行更有效的公司治理，从而降低信息不对称程度（Kabir & Thai，2017；Cui et al.，2018）。最后，有学者指出企业履行社会责任能够缓解企业面临的融资约束，从而提高企业创新能力（梁运吉和刘冰冰，2022）。

三、企业绩效

在财务绩效方面，国内外研究相对较多，且研究结论不一致。首先，一部分学者指出企业社会责任与财务绩效呈正相关（Orlitzky et al.，2003；Schnietz & Epstein，2005；沈洪涛和杨熠，2008；张兆国等，2009；朱松，2011；陈德萍，2012；Jo & Na，2012；徐二明和衣凤鹏，2013；王文成和王诗卉，2014；于洪彦等，2015）。另一部分学者认为企业社会责任和财务绩效两者之间存在负相关的关系（Simpson & Kohers，2002；Brammer et al.，2006；李正，2006；石军伟等，2009）。本节将企业绩效细分为财务绩效、创新绩效与环境绩效，具体如表 1－4 所示。其次，有学者指出企业履行社会责任对股东价值有显著的提高（刘畅和雷良海，2021）和保护作用（黄子琛和刘喜华，2022），并且能够提升企业价值（宋岩和续莹，2022）。近年来，随着企业社会责任关注度的不断提升，更多学者开始研究企业履行社会责任对整个企业的反馈与影响，研究显示企业社会责任能够提高投资效率（徐光伟等，2021；陶欣欣，2022），并且根据"信号传递理论"，投资者能把企业履行社会责任作为一项补充的非财务信息，从而改善信息不对称程度，降低企业融资成本（蒋东利等，2022）。

本节针对企业社会责任的后果变量研究进行了归类梳理，如表 1－4 所示。

表 1-4 企业社会责任后果变量研究

后果变量		定义	关键词	相关研究
组织管理	组织信任	组织成员中的信任关系	组织信任、组织承诺	Vlachos（2010）；朱奕名（2018）
	生产力	创造新技术，开发新产品和开拓新市场的能力	创新、生产力、资源生产力	于水（2013）；Haque & Karim（2018）
	工作意义	员工的工作意义感	员工工作意义	Aguinis & Glavas（2019）；谢玉华等（2020）
产品市场	声誉	声誉和积累的道德资本	企业声誉	Vlachos（2010）；刘艳博和耿修林（2021）
	系统风险	未来的不确定性对企业实现其经营目标的影响	企业财务风险、企业风险	李文军（2020）；肖力迪等（2022）
	客户满意度	客户期望值与客户体验的匹配程度	客户满意指数	Saeidi et al.（2015）
	信息不对称	交易中的每个人拥有的信息不同	信息不对称	Kabir & Thai（2017）；Cui et al.（2018）
	合法性	合法的性质或者状态	合法性	Dyduch & Krasodomska（2017）；Wang & Feng（2017）
	研发支出	研究与开发过程中所需要的费用	研发支出、企业创新	峰岭（2002）；徐晨和张英明（2022）；潘奇和李晶鑫（2022）
企业绩效	财务绩效	企业战略及其实施和执行是否正在为最终的经营业绩作出的贡献	财务绩效、企业绩效	刘丽萍（2006）；高宇飞（2022）
	创新绩效	实施采用新技术后，企业价值的增加	创新绩效	Orazalin & Baydauletov（2020）；仲崇宇（2022）
	环境绩效	组织基于其环境方针、目标、指标，控制其环境因素所取得的可测量的环境管理体系成效	环境绩效	Orazalin & Baydauletov（2020）
	股东价值	企业股东所拥有的普通股权益的价值	股东价值	Sun & Yao（2019）；刘畅和雷良海（2021）

后果变量		定义	关键词	相关研究
企业绩效	公司价值	企业预期自由现金流量以其加权平均资本成本为贴现率折现的现值	企业价值、公司价值	宋岩和续莹（2022）
	投资效率	企业投资所取得的有效成果与所消耗或占用的投入额之间的比率	企业投资效率	Benlemlih & Bitar（2018）；陶欣欣（2022）
	融资成本	企业在资金筹资过程中发生的各种费用	企业融资、融资成本、融资费用	郝臣等（2020）；蒋东利等（2022）

资料来源：根据中国知网数据库整理而得。

第四节 企业社会责任研究趋势

基于本书的主题，从履行动机、经济后果、其他研究三个方面进行研究回顾并总结当下企业社会责任的研究趋势。

一、从"利己"动机到"利他"动机

企业社会责任的效果与履行方式受行为动机影响，而行为动机又受个人、社会、政治等诸多因素的影响（赵如，2012）。目前学术界将履行企业社会责任的动机分为两大方面："利己"动机和"利他"动机。一部分学者提出履行企业社会责任的动机是"利己"，"利己"动机被分为"政府俘获"动机、"消费者俘获"动机、"信号传递"动机和"效仿"动机。其中，"政府俘获"动机为获得政府放松管制或建立良好关系从而降低产品成本的行为（Fry et al.，1982；Brammer & Millington，2005；贾明和张喆，2010；郭岚和陈愚，2015，2016）；"消费者俘获"动机为获得消费者认可提高声誉占据市场从而降低产品交易成本与市场风险（Ellen et al.，2006；Becker et al.，2006）；"信号传递"动机为获得利益相关者依赖与支持（Bauman & Skitka，2012；张兆国等，2012）；"效仿"动机表现为企业因为大环境而被动模仿其他企业（Galaskiewicz & Wasserman，1989；蒋尧明和郑莹，2015）。另一部分学者提出履行企业社会责任的动机是"利他"，但由于"利他"动机难以体现和分离，目前学术界对其研究相对较少，既有文献往往忽略了这一方面的研究。近年来，有学者从"利他"动机角度展开研究，发现具有贫困经历的高管会促使企业进行更多的捐赠行为（许年行和李哲，2016），且相比较于男性高管，有女性高管的企业进行的捐赠行为更多（徐细雄等，2015；淦未宇和肖金萍，2019；周煊和刘晓辉，2022）。陈国平等（2022）研究发现"利他"动机在企业履行社会责任对消费者感知温暖的影响中具有正向调节作用。最后，值得关注的是，随着大数据、人工智能、"互联网＋"等信息技术的发展，企业经营和管理也逐渐运用到信息技术成果，有学者指出企业数字化转型对企业履行社会责任具有显著的正向影响（申明浩等，2022；朱昊然等，2022；尚洪涛和吴桐，2022）。

由此可见，现有研究大多从"利己"动机的角度对企业社会责任展开研究，忽略了慈善责任、道德责任等企业社会责任的"利他"动机研究。为了进一步完善企业社会责任的相关研究，学者们逐渐将研究焦点从企业社会责任的"利己"动机转为"利他"动机，并且逐渐关注到数字经济发展的重要性。

二、从财务绩效后果到非财务绩效后果

企业承担社会责任的行为方式差异会带来不同的经济后果，而经济后果被归纳为两大类：财务绩效后果和非财务绩效后果。学者们对于企业社会责任与财务绩效关系进行了颇多探讨，相关研究成果也日趋丰富，但由于理论视角、研究样本、研究方法等诸多主客观原因的限制，目前学术界对两者之

间的关系还未得到一个统一的定论，一部分学者认为，企业履行社会责任与财务绩效之间存在正相关关系（Mishra et al.，2013；张兆国等，2013；王文成和王诗卉，2014）；然而，也有另一部分学者认为两者之间不存在显著关系（Van et al.，2008；陈煦江，2014）；同时，有一部分学者提出，企业履行社会责任会和财务绩效之间存在线性关系（Ingram & Frazier，1980；邓秀媛等，2018）与非线性关系（李茜等，2018；Franco et al.，2020）。近年来，学者们达成共识，关于企业社会责任的讨论必须从单一的财务绩效结果转向更为复杂的非财务绩效结果和社会结果（Wang & Tong，2016）。尽管有研究表明，企业履行社会责任能够对员工工作激情（王旭和向常春，2022），消费者忠诚程度（张森，2021），个人满意度、信任度和承诺度（Lee et al.，2012；Aljarah et al.，2018），企业社会资本（买生等，2020），组织承诺（朱奕名，2018），高管薪酬（Berrone & Gomez - Mejia，2009）等非财务绩效后果产生显著影响。然而，学者们对探讨企业社会责任如何影响企业建立外部联系的研究相对较少，关系是中国社会的动力之一（Luo，2000），其作为非正式制度在克服中国制度不成熟与环境不确定性方面发挥着重要的作用，有学者研究显示企业履行社会责任与政治关系（边卫军和赵文龙，2016；柳建坤和何晓斌，2020）和商业关系（钱明和徐光华，2017；赵玮琪和廖欣怡，2022）等关系之间存在相关性。

综上所述，以往的研究大多集中于探讨企业社会责任与财务绩效之间的关系，这往往会对企业履行社会责任的行为和方式产生一定限制，为了进一步拓展研究思路和深入了解企业社会责任，学者们逐渐将关注重心转移到非财务绩效方面，进而完善企业社会责任的相关研究，实现"经济"目标和"社会"目标的双赢。

三、从整体社会责任评价到具体利益相关者评价

除企业履行社会责任的动机与经济后果的相关研究之外，也有部分学者

探讨企业社会责任履行过程的机制与决策过程等。以往的研究通常关注企业社会责任履行的整体效果（王文成和王诗卉，2014；王海妹等，2014），但实际上企业社会责任被细分为雇员关系、产品、环境、公司治理、慈善、志愿活动以及社会争议等多个方面（尤力和王金顺，1990）。例如，有学者研究发现家族企业能够促进企业履行环境责任（周立新，2011；周卫中和赵金龙，2017；李晓静和李可欣，2022），且对环境负责的企业能够建立竞争优势并获得投资者的支持，其股价会出现上涨趋势（Flammer，2013）；有学者研究发现企业股权性质（马新啸等，2022）、企业文化（朱金凤等，2022）、高管特征（李四海，2021）等因素能够促进企业进行慈善捐赠，且企业履行慈善责任能够提高企业声誉，使企业获得创新支持、减少信任危机，对企业创新绩效具有正向影响（赵晓阳和胥朝阳，2020；徐梦雨和陈东，2021）；同时也有研究显示，员工满意度能够显著提升组织承诺（刘剑辉，2021）和企业创新能力（刘静和林树，2020）。

综上所述，以往的研究焦点主要集中在对企业社会责任履行的整体效果评级上，但企业社会责任要求对不同的利益相关者负责，而由于利益相关者的多样性和复杂性，不同企业履行社会责任的侧重点和优先级顺序也会存在不同，其履行动机和实施后果也会存在较大差异。因此，学者们逐渐将研究重心转向对不同利益相关者的评价，有利于读者更好地理解企业所履行的社会责任。

第五节 企业社会责任评价体系

一、经济指标

企业社会责任评估制度中的主要经济指标，包括了企业对各利益相关者的财务评估指标，主要为以下几类。

（一）企业对股东承担社会责任的财务评估指标

企业在法律上是属于股东的，企业必须对股东负责管理。随着股份制企业的发展与健全，企业队伍越来越强大，遍布经济社会生活的各个领域，企业与股东的关系越来越具备社会关联的特性，企业对股东的管理就具备了社会性。首先，企业需按照相关法律规范，对企业的资本安全进行管理；再次，企业有义务向股东提出诚实、可信的运营与融资方面的相关信息，不能欺诈投资者，并自觉受到股东的监管，建立诚实运营的社会风尚；最后，企业要争取给股东以优厚的资金报酬，包括收益的分享与资产的升值。企业对重要关联股东的社会权责的重要评估指标体系分别为净资产利润率、资产保值增值率、股利支付率等。

（二）企业对债权人承担社会责任的财务评估指标

来自债权人的长期贷款贯穿于企业生产运营的所有阶段，是企业发展过程中的关键支柱。企业必须重视债权人的权益，并担负对债权人的责任。因此企业在日常运营中，既要保证企业贷款的清偿能力，也要提高长期贷款的偿债能力。对于债权人而言，企业的第一责任就是及时偿还债务本金，然后企业要及时提供一定的利息；从经济发展的角度考虑，还为债权人企业创造了增加贷款的机遇，以期共同发展壮大。对债权人的责任的主要评价指标，包括流动比率、速动比率、资产负债率。

（三）企业对职工承担社会责任的财务评估指标

企业的经营、生产、内部营销与外部联络等都离不开企业员工，因此企业也应当关注企业员工的生活环境。为维护企业员工的权益和企业的不断发展与壮大，世界各地都无一例外地把企业对雇员的生活负责，作为企业社会责任的一项重要内容。社会责任国际（Social Accountability International，SAI）在这一方面制订了一些富有标志性的考评指数。2002 年，我国宣布实施《联合国全球协约》。协约共包括了九条准则，其中六条主要是对雇员基本方面的规定。其一，企业为职工提供安全、卫生的各项工作条件是企业的第一重要责任；其二，企业要给职工带来公平的工作机会、晋升机会、受教育的机遇；其三，企业为职工建立民主参与企业管理工作的途径，给职工带来自我管理企业发展的机遇；其四，企业必须继续做大做强，供给更多的职位，减缓社会就业工作压力。企业对职工的社会发展负责的评估指标体系包括工资支付率、小时工资率、法定福利支付率。

（四）企业对客户承担社会责任的财务评估指标

企业日常运营的主要目的是通过推销自己的商品或劳务并从中获取经营利润，而企业对消费者的责任则主要是提供物美价廉的商品或服务。消费者数量及其消费能力影响了企业的发展前景，企业应该主动地承担对消费者负责来留住并引导消费者，以便使企业不断健康地发展壮大。企业对消费者的最重要负责，体现在对消费者利益的保障上。根据《消费者权益保护法》，消费者有四大方面的权益：保证安全的权益、知情的权益、合理选择的权益和索赔的权益。企业对消费者的最基本负责，就是给消费者提供安全的商品。企业对消费者的第二项责任则是尊重消费者本身的知情权和自主选择权，让消费者尽量多地知道企业的商品，在平等交换的前提条件下自主地挑选商品。消费者知情权则是指客户在挑选消费产品时拥有对产品及企业内部真实情况的认知权限。而用户自主决定权则是指用户在挑选产品时，有自主确定的权限。企业应提供消费者所选择商品的有关资讯，但不得误导消费者，提供错误的资讯；企业并不是强买强卖，但消费者在选择商品前有权根据商品的网络广告、宣传材料，以及商品说明书对商品的安全可靠、性能等方面的知识加以全面了解，从而在数量繁多的商品中挑选自己最感兴趣的商品。企业对消费者的第三项责任是保证消费者的索赔权益。当消费者因购买、利用产品或享受售后服务而遭遇人身安全、财物损失时，有权要求企业弥补损失、赔礼道歉等。同时企业除履行上述《消费者权益保护法》所规定的社会责任以外，还应履行对消费群体传播商品信息、开展知识教育活动和培养消费者群体意识的社会责任。针对消费者不恰当的消费观念和行为，企业应当改进和疏导。

因为企业更关心消费者的利润，所以企业给消费者的让利就越多，企业专营服务的毛利率也就越低，而主营业务成本费用率这一指数的数值也就越来越高。

在一般情况下，单位收入服务费越大，就说明企业对消费者本身自主承担的责任心越强，不过由于服务质量不佳也会导致该指数过大，所以指标使用者要充分考虑这一点。

（五）企业对供应商承担社会责任的财务评估指标

对于供货商而言，企业的首要责任是及时交货（包括预付、应付）；其次是给供货商创造增加供货规模的机遇。

应付账款周转速度越快，就意味着企业在交付供应商货物的时间也就越短，占有其流动资金的程度就越低，对供货商的利润也照顾得更多。

目前的研究成果证明，小型企业的社会责任情况，明显低于特大型企业和超大型集团的社会责任情况。企业在取得相应的经营规模之后，才有相应的能力和动机去承担社会责任。我国民营企业目前经营规模偏小，内部管理不是很规范，没有资本保障，职工利益也得不到合理保障，缺少企业社会责任意识。所以，政府应该引导民营企业积极利用市场开展投资并购活动，以进一步壮大企业经营规模，增强企业管理和能力，同时提升我国民营企业的社会责任意识和实践水平。

二、社会指标

企业始终位于同一个社会范畴中，对整个社会的经济、人文、自然环境等都产生了重要的影响。由于企业与其所属社会之间具有不可分割的关联，而企业与社会之间又是一个彼此交错的，你中有我、我中有你的复杂社会关系，两者相互作用，又不能分开，对构建和谐的企业与社会有着重大意义。而企业对所在社会和城市居民负有的社会责任也是多种多样的，主要包括：其一，企业为本地社会城镇居民创造就业机会，以提高城镇居民人均收入。其二，企业的就业机会优惠政策，影响城镇居民的就业机会情况。如企业员工是否被社会歧视、企业工作环境是否宽松。其三，企业文化对本地居民的积极引导。企业文化的好坏，直接关系到整个社会的文化氛围。其四，企业的生产运营、经营扩张也给社区居民日常生活带来了环境污染，因此企业也有维护环境的义务。其五，企业参与了社会的公益、福利等活动，以保障社会的安定与发展。

企业对政府部门承担着社会责任，而政府部门也给企业的发展创造了巨大的空间，因此企业也应该对政府部门承担社会责任，协助政府有关部门及时处理就业问题。而随着经济社会的进步，政府部门也逐步发展为全社会的公共服务组织，并扮演着为公众和各种社会团体公共服务和进行社会监管的重要角色。严格遵守国家有关法律规定，这是企业成为"社会公民"最基础的责任和义务。更具体地说，企业要自觉遵守我国的所有税收法律、规章和管理制度，自觉性落实国家宏观调控的政策措施、方向，自觉照章办税，绝对严禁企业有逃税、偷税漏税和违规避税等犯罪行为。

企业也应当履行对社会福利和社会公益事业的责任，而企业对社会公益行为的负责则是一种内容广义的自愿性责任，主要包括了日常性公益捐赠，包括向医院、养老院、残障人员等单位开展的公益捐赠活动，向教育机构提供款项等；但也有内在应急性的捐赠责任，如企业应对天灾及时提供救助之手；还有临时性的企业奉献社会爱心公益活动，如援建希望小学、对穷困学生的救济活动等。企业支持社会公益性行为、福利事业、公益社会活动等，是企业积极服务社会、造福人类精神的具体体现。而企业对社会福利和社会公益工作的承担则是中国传统的企业社会责任，这一责任主要是由法律高于立法的形式规范政府对企业所作出的法律规定，以企业自觉履行责任为前提条件。

企业对社会发展的广义责任，是指企业作为社会的重要成员，有维持社会安定团结和为社区发展作出表率作用的社会责任，其主要内涵包括建立较好的企业管理机制和传播国际标准等。好的企业在社会上应作为一个典范，应该传播一个标准，作为其他企业的标准。

企业也应当担负法律责任，因为在现代社会，所有企业的经营活动都是在相应的法律规定的架构下完成的。按照国家法律法规的有关规定，企业必须要保证绝不使用儿童和少年，保证员工健康和平安，并严格执行我国最低工资规范，不得偷税漏税，为员工提供法律保障等。这里选取了劳动合同签订率、是否使用童工、生产事故发生率、单次事故伤亡人数、小时工资、社保提取比例、社会保险费缴纳比例、罚款支出比率和税收上缴率等指标，来表示企业执行法律责任的实际状况。

（1）劳动合同签订率。签订劳动合同是对员工合法权益最基本的保障，也反映了企业对相关法律应有的遵守。

（2）是否使用童工。幼儿或者青少年是指未满十六周岁，但与工作单位或者个人产生劳务关系并进行有一定社会经济生活收入的社会家庭劳作和参与个别劳作的青少年幼儿。

（3）生产事故发生率。该指标反映一年中企业发生的生产事故次数。

（4）单次事故伤亡人数。该指标反映一年内企业单次事故所造成的平均员工伤亡人数。

（5）小时工资。该指标反映企业如何落实企业所在地政府部门的最低工资标准法律规范。

（6）社保提取比例。按照我国对企业员工的社会保险方面的有关法律规定，企业应当按比例计提社会保险金。该指标用于体现企业对我国有关社会保险法律法规的落实状况。

（7）社会保险费缴纳比例。社会保险费缴纳比例，是指企业已向国家社会保险组织缴纳的社保基金与企业应交社会保险基金之比，该指标可以反映企业是不是有挤占挪用社保基金的行为。

（8）罚款支出比率。罚款费用总额包含了企业缴纳的所有罚金、罚款、罚息、滞纳金、经济赔偿费、诉讼费等，而上述费用的产生比例与企业遵纪守法情况直接有关。罚款支出比率越高，代表企业的遵纪守法情况就越差。

（9）税收上缴率。该指标体系主要用于剖析企业是否有挤占挪用国家税款的行为。

三、人文指标

中国企业还应当遵守一些未形成法规的社会公认的文化伦理准则，即应当履行文化伦理责任，其具体内容包括：着力培养健全和谐的企业文化；积极推动社会信用商业文明建立；减少各种形式的强制劳动；积极鼓励企业职工成长与发展等。在当前，企业存在弄虚作假、假冒伪劣、故意拖欠等不讲信用、不讲商业道德的情况，并产生了"劣币驱逐良币"的现状。这些现状不但极大损害了众多消费群体自身权益及一些社会利益相关人的权利，同时也极大影响了企业的社会公信力，以及市场经济持续健康发展。在市场经济蓬勃发展的今天，社会信用乃企业赖以生存之本。为促进信用商业文明的重塑，积极开展信用营销，应是当前每一家企业都应该肩负的社会责任。和谐经营文化，是当前企业有效承担社会责任的主要保障机制，而提倡健康的生活方式和消费理念则是企业文明的主要内涵。

企业社会责任评估指标体系中的重要人文指标主要是：劳动合同履行与参保工作能否适应要求；劳动合同履行情况能否合乎法律要求；能否依法进

行合理薪酬发放及增长；能否依法落实标准工时休息休假；能否有合理的退休待遇体系；企业用工制度建立与实施情况能否合乎法律法规和有关规范；能否减少企业在人员录用、薪酬、晋升等方面的性别歧视情况；能否实现较高的职工参与度，并形成集体协商制度；能否避免使用 16 周岁以内的员工；能否有健全的劳动关系防范与解决制度；能否形成并有效执行健全的企业职工教育训练、文明生活和关怀互助等制度；能否进行有效安全的生产管理与劳动保护；如何构建和有效开展职工的卫生预防管理体系及职业病预防等。

企业不仅要公平竞争、诚实守信，还要提供优质的商品和服务，此外，企业还要以人为本，尊重和保障员工权益。因此，建立以下有关评价指标。

（1）人力资源投入水平。人力资源投入水平体现企业对其职工满足社会保障和可持续就业机会的关注程度。

（2）员工福利保障指数。该指标体现企业对职工及家庭生存水平的保障状况，即为国家和社会不断创造人力资本的保障程度。

（3）工资增长率。员工工资增幅，是指企业本年度的员工工资增加额，与企业上年度全员工资额的比率，以反映企业职工对企业所增加的收益的分享程度。

（4）产品合格率。该指标反映企业提供产品的质量情况。

（5）消费者投诉率。该指标反映企业对消费者提供的产品及服务质量好坏。

（6）社会捐助率。该指标指企业为社会建设、希望工程和困难群体提供的捐助与企业销售收入的比值。

四、环境指标

环境指标主要包括：调研企业对自然环境的防护体系能否完善和强化

（包括环境保护管理制度能否完善，能否进行环境保护管理工作讨论，能否主动进行环境保护商品开发推广等）；在调研期间，环境保护投资项目能否完成或增加；对污染排放能否进行合理防范与管理工作；生产的企业是否绿色，生态行为评估制度是否完善；能否建立和高效落实相关可持续发展的政策措施（包括环境保护和低碳节能等）；能否积极参与政府部门低碳节能社会活动，落实低碳节能行动计划，进行低碳节能技改研究；是否高效利用再生能源（包括洁净电能和资源循环运用提升、综合使用能耗下降等情形）等。当低碳经营成为全球企业所关心的热门话题之际，企业应该将制造、营销等环节出现损害环境污染的可能性降至最小化。节约资源是保护生态环境的根本之策，由于目前资源利用具有巨大的潜力，企业应当将利用环境与资源当作评价企业社会价值的关键指标。

企业应当履行对环境、资源保护并合理使用的责任。由于工业社会追求生态自然观，相信大自然是人们认识和改变世界的主要对象，而各种资源又是取之无穷、用之不竭的，因而对自然资源抢夺式地利用，严重地损害了大自然，世界环境污染问题越来越严重。由于企业是造成环境污染的主体，所以，企业在减轻环境污染物中承担着无可推卸的责任。理性而科学地处理环保问题，深刻反思人与自然之间的紧张关系，积极建设人与自然健康和谐的价值观，努力实现人类敬畏大自然、保护自然资源、合理使用环境资源，已成为人类不得不正视的重大时代课题，尚无一家企业可以规避与推卸对资源保护与合理使用的责任。中国目前建立健全绿色低碳循环发展的经济体系，走可持续发展战略，积极建设人类和谐社会。企业应该对自然环境、资源利用认真维护并合理使用，这正是企业对全人类和子孙后代责任的体现。

社会主义和谐社会的总体基本目标之一，是达到人与自然和谐共生。众所周知，企业的生产经营活动必将对生产经营活动所在区域的天然环境形成影响，因此企业应当充分考虑到其生产经营活动所可能给地方自然环境所造成的影响，并采取切实可行的保护措施，尽量减少其经营行为对资源或环境的不利影响。首先,做到对资源的可持续使用。其次,减少对自然环境的污染。最后,履行环境责任,承担环境义务。此处从能源原料、水资源、排放物、生态管理及其产品与服务等角度,建立了生态环境评估指标体系。

(1)在能源原料利用方面,包括再生能源投资产出率、再生能源利用率等。再生能源投资产出率等于生产总值除以能源消耗量,而再生能源利用率则等于企业有效利用能源总量除以供给到企业的能源总量。

(2)水资源方面,包括用水消耗产出率、水循环效率。用水消耗产出率是指生产总值除以总用水量,水循环效率等于水循环利用总量除以水消耗总量。

(3)排放物方面,包括工业单位产生温室效应的废气排放量、废弃物处理率。温室效应气体(Gree House Gas,GHG)一般含有超临界二氧化碳、大气甲烷、氧化亚硫、氢氟碳化物、全氟化碳、六氟化硫等,通常以吨数表示。废弃物处理率等于废弃物处理数量除以产生废弃物总量。

(4)生态管理方面,包括环境投入比例、环境保护投资所占销售收入的比例、环保经费增长率。环境投入比例是环境设备净值与企业净值的比例,体现企业对人类环境的责任感;环境保护投资占销售收入的比例为环境保护投资占主要销售收入的比例。环保经费增长率是环保经费年度增加额除以上一年度环保经费总额。

(5)产品及服务方面,即产品及服务在使用时的环境影响(如产品的包装)。

企业还应承担对各种资源合理配置的责任,因为自然界是指由气象、地质、地形、海洋水体、陆水、土地、动植物等多个天然基本要素彼此联系的复杂综合体。而资源又是指自然界中对人类有着利用价值的组成部分,从长期考虑,由自然界所组成的每一种基本要素在当前和未来的科技经济条件下都可以被人类合理配置,但人类从思维意识上和工业生产实际中,都早已意识到自然界日益资源化了。而现实则是当前的自然资源利用效率低,耗费量巨大,这就需要人类必须做好资源优化配置工作,以最少的资源成本去换取最高的社会福利率，从而推动国民经济增长。对于评价企业在环境资源使用方面的责任，我们需要从企业对土地资源的利用、对自然能量的利用、可再生资源的利用、对废弃物的利用、GDP 综合能耗下降情况等方面加以考评。

保护环境和节约资源是中国的基本国策。对环境的社会责任是指人们为处理实际的或潜在的环境问题，并协调好人们与环境之间的相互关系，以维护人类经济社会的不断发展所进行的所有行为的统称。其方式与管理手段既有技术的、政府管理的，又有法制的、企业经营的、宣传教育的，等等。在传统理论的指导下，企业往往片面地谋求财产的积累，而成为社会财富的附庸。这种片面追求收益的经营理论，使企业及其产品严重影响着当代人和后世人所赖以生存与发展的自然与社会。所以，企业应当谋求在特殊环境下社会的可持续和谐发展，并有意识地将环境与资源当成评价企业社会价值的主要指标。从企业管理的角度看，承担企业环保责任的首要任务就是依法排污、合格认证、降低水污染、垃圾分类处置，进而提高在能源环境方面的研发（Research and Development，R&D）费用占 GDP 的比例等。

调查结果表明，新能源行业的企业社会责任情况，显著低于其他产业。能源企业，如煤矿、发电、石油化工等因其产业特点，以及员工生产稳定性较差、对环境污染影响严重等，其企业社会责任现状尤其严峻。所以，在推进企业社会责任承担时，政府必须重视并充分考虑到上述产业的现实状况，并制定有所区别对待的政策措施，以强调企业社会责任管理的进步。由此可见，竞争力是企业生存之道，而企业承担社会责任情况评估的结论是企业获得竞争力的途径之一，所以，具备操作性的社会责任评估指标，对于推动企业承担社会责任的意义尤其重要。

第二章　企业社会责任理论

第一节　企业社会责任理论的缘起

一、企业社会责任理论的起源

企业社会责任理论作为社会经济发展的必然产物之一，其随着人类生产劳动实践的历史化演进而发展。由古典经济时期企业的自发实践，到各类相关理论的运用与创立，最后到现在企业社会责任运动在全球的推行，都与当时的历史发展、经济、政治和文化环境分不开。在西方国家，企业社会责任理论发展坎坷且漫长。古典经济时期，商人存在的目的就是服务于公共利益。封建主义末期的重商业时期，学术界才慢慢将注意力转移到企业社会责任理论之上，自此企业社会责任理论在西方社会经历了漫长的发展过程，并在学术界引起了激烈的学术探讨，这极大地推动了企业社会责任理论的发展。企业社会责任理论于 20 世纪 90 年代引入中国，并得到很大程度上的发展。

（一）企业社会责任理论产生的背景

18 世纪，古典经济学处于盛行时期，信奉传统企业理论的学者认为："Business's business is business"。以亚当·斯密（Adam Smith）为首的传统经济学派认为在合法的前提下实现利润最大化便是企业唯一的社会责任，即企业只需高效地使用资源为社会提供产品与服务，并得到相应的回报即可。在 19 世纪末期，社会达尔文主义盛行，"利润主义"达到顶峰，学者们认为企业不需要考虑除利润最大化之外的其他社会责任。1962 年，《资本主义与自由》一书的作者米尔顿·弗里德曼（Milton Friedman）极力反对企业有除了利润最大化之外的其他社会责任。另一位古典经济学家弗里德里希·哈耶克（Friedrich August von Hayek）也对企业社会责任进行了批判，他在《致命的自负》一书中指出，除利润最大化之外的任何社会责任都会对企业的生存造成危机。

20 世纪中后期，工业经济迅速发展，资本家对利润的过分追求引发了严重的社会问题。主要表现在：跨国公司给本土企业带来了竞争限制、工人失业率大幅度上升、资源锐减、生态环境遭受严重破坏、消费者利益被损害、社会贫富差距悬殊等。同时，这一系列社会问题伴随着接连不断的劳工运动、环境保护运动、消费者权益运动，社会矛盾日益加深。一些企业家也开始意识到，企业不仅要对股东负责，而且还应该对社会上其他相关的群体负责，为企业社会责任理论的出现做了铺垫。此后，学术界和企业界对企业社会责任展开了激烈的争论，这极大地推动了企业社会责任理论的发展与完善。

（二）企业社会责任理论学术论战

20 世纪 30 年代，企业社会责任发生了两次大规模的学术论战，分别是"伯利—多德"和"伯利—曼恩"论战。这两次大规模的论战为企业社会责任奠定了理论根基。

第一次论战发生于20世纪30年代，这场论战以"公司的管理者是谁的受托人"在伯利与多德之间展开，也就是历史上著名的"伯利—多德"论战。1931年，美国哥伦比亚大学教授阿道夫·伯利（Adolph Berle）站在传统公司法理论的角度，根据当时股权结构的变化认为企业作为追求股东利益的营利性组织，应该以股东利润最大化作为唯一目标。他认为企业运行的权利源自股东的委托，因此股东的利益不能因其他利益相关者而受到任何损失，若企业违背了这一基本法则就是违背财产私有制。并且他在《作为信托权力的公司权力》一文中提出"管理者权益的来源是股东，是企业唯一的受益者"。而哈佛大学教授梅里克·多德（Merrick Dodd）则提出截然不同的观点，他站在新公司理念的角度，认为基于现行的有效制度，但企业的发展不仅受股东利益的影响也受周围环境的影响，同时也更与法律和社会的舆论息息相关。因此，企业不仅要对股东负责也要对利益相关者负责，要树立对员工、消费者和社会公众的责任感。他在《董事应该为谁承担义务》一文中解释道：公司是社会这一有机整体的重要组成部分，在公司的经营管理活动中，需要"兼顾"与公司密切相关的主体的利益是时代发展的必然要求，必将在立法中反映出来。

总而言之，伯利认为企业完成其经济责任即可，而多德认为企业还应承担除法律强制以外的社会责任。随着论战的继续，多德指出企业管理者的权益源于利益相关者，伯利也渐渐地同意了利益相关者的重要性。20世纪40年代，这一论战发生了戏剧性的变化，两位学者相互成为对方理论的支持者。多德改变了原先认为企业应承担社会责任的观点，而伯利的观点也发生了反转，他从企业社会责任的反对者转为一个极力的倡导者。

第二次"伯利—曼恩"论战发生于20世纪60年代，这场论战使得学者进一步深入探讨了企业社会责任，同时关于企业是否应该承担社会责任的问题日益清晰，企业社会责任也逐步走上理论化的发展轨迹。在这场论战中曼恩作为自由经济主义的代表，他认为如果企业承担社会责任则会使自由市场陷入危机，同时对伯利把企业经营者作为公司一切利害关系人的委托人的观念加以强烈批评，认为其在说明公司管理者的职能是执行公司利益相关者之间分配财产的问题上存有漏洞。至于针对曼恩的批评，伯利则表示，先前反对多德的主因是担忧公司的经营者会成为政治活动家以及慈善机构资助资金的主要提供者，但现在他却主张企业经营者也应该担当公司利益相关者受托人和财产分享者的角色。随着争辩的不断延续，曼恩对伯利的观点也逐渐接受。

经过半个世纪的辩论，学术界分为对立的两派：一派是持否定企业社会责任的纯经济传统观点；另一派是持企业应承担社会责任的现代社会经济观点。然而在辩论中，企业社会责任支持派的胜利使企业家们逐渐意识到企业的社会责任不应局限于股东利益，还应该包括人权、环境、道德等。支持和倡导企业社会责任的学者逐渐增多，其中包括威廉·弗雷德里克（William Frederick）、基思·戴维斯（Keith Davis）、斯蒂芬·罗宾斯（Stephen Robbins）等。在这一时期，社会契约理论、代理理论、企业社会责任金字塔理论、利益相关者理论、三重底线理论、制度理论、资源基础理论、可持续发展理论等在企业社会责任问题的研究逐渐得到广泛的应用，学者们运用这些理论去支撑自己的观点，从不同的角度提出了企业承担社会责任的重要性与必要性。其中最具影响的是利益相关者理论，该理论在 1963 年由斯坦福研究所提出，并在 20 世纪 80 年代达到高潮。1984 年弗里曼丰富了利益相关者的内容与定义，完善了利益相关者理论，奠定了企业社会责任的理论根基。著名学者卡罗尔也从利益相关者理论出发论证了承担社会责任将给企业带来的好处，他认为企业只要有意识地对社会承担责任，并对利益相关者负责，久而久之企业便会获得社会资本上的回报。这一观点的提出使得利益相关者理论在企业社会责任问题上得到了更广泛的应用与研究。

由此可见，在对传统经济学关于股东利益至上观点的质疑中产生了企业社会责任理论，同时企业社会责任也因利益相关者理论的出现而拥有了牢固的理论基础。纵观历史，也正是因为西方国家不断分散的企业股权以及社会多元化的发展，从而使股东利润最大化的观点受到前所未有的打击与挑战。同时由于企业巨型化发展引发了一系列社会问题，最终使群众对企业产生不满，企业迫于压力不得不主动承担社会责任，并在一定程度上关注利益相关者的权益，促进了企业社会责任理论的发展与研究。

（三）企业社会责任理论在中国的引入

相对于西方发达国家而言，国内学术界对企业社会责任理论的深入研究起步相对较晚。因为在经营观念和约束制度上都存在缺陷，企业的经营者往往会选择盈利作为商事活动过程中的主要目标，而忽略了其他利益相关者的基本要求，如社会、环境和消费者等，并由此使得非公司的其他利益相关者遭受损失，这一行为也与中国社会和平稳健的经济发展的宗旨相悖。通过借鉴西方发达国家对企业社会责任理论的研究成果，相应的基础理论深入研究也形成了当前公司管理与司法基础理论深入研究的主要领域。虽然经济学领域的研究者在关于企业社会责任理论中有关问题的意见分歧很大，但在法律领域，研究者的看法却趋于统一。其中，刘连煜、刘俊海、卢代富等著名学者在有关企业社会责任理论方面的深入研究，对正确掌握企业社会责任的基本要求，促进企业社会责任学术研究，及其在后期针对立法层面的制度建立与制度理论的设计，均具有里程碑式的意义。

刘连煜（2001）指出："社会上责任人通常所指的都是营利性的企业，当决策部门按照社会上大多数人的期望而做出决策时，该营利性企业应放弃盈利之意图，如此便会满足社会大多数人对该企业之期待。"

刘俊海（1999）论述道："公司的终极目标不能是寻求股东的权益，要将目光放长久，考虑非股东的权益，以寻求社会的改善。"他建议通过参考国外的研究成果，将企业所要求的目标从营利性中提炼出来，通过提高非其他股东对企业所执行事务的参与性来保障其合法权益，其研究成果对当时中国企业社会责任理论研究的学术氛围产生了很大的活跃影响。

卢代富（2002）也研究过社会责任，具体涉及了企业社会责任的法律研究以及其可能性与现存的理论，并提出"社会责任是指中小企业在谋求公司利润最优化基石上对整个社会实现的经济价值增益"。

基于利益相关者理论，周祖城和王凤科（2000）提出，企业应对利益相关者承担相应的经济、法律和道德等相关责任；屈晓华（2003）提出，建立相关制度来规范企业履行对利益相关者的义务和责任是企业社会责任的要义。

基于"四层金字塔""三个同心圆""三重底线"等理论，陈志昂和陆伟（2003）将企业社会责任分为法规层、标准层、道义层。法规层为第一层，指企业需要遵守法律法规；标准层为第二层，指企业活动需要遵守行业标准与社会习俗；道义层为第三层，其取决于企业管理者的道义责任。陈迅和韩亚琴（2005）将社会责任分为基本企业社会责任、中级企业社会责任、高级企业社会责任三个层次。作为第一层的基本企业社会责任，是指企业要对股东和员工负责；第二层为中级企业社会责任，是指企业应对消费者、社会、政府和环境负责，并协调好四者之间的关系；第三层为高级企业社会责任，是指企业应该积极地参与公共事业。姜启军（2008）将企业社会责任分为三个层次，企业社会责任的最低限度是保障员工的合法权益，最高层次是将环境保护等责任作为企业战略与发展的目标，而其余的属于中级企业社会责任层次。

由此可见，我国学者大多数是在传统股东利益最大化的基础上进行修正，即要求企业不能在经营活动中不能仅考虑私人利益，为企业社会责任的具体实行而努力。我国社会整体能够在企业社会责任的修正下取得进步，企业在将追求盈利目标的同时还要兼顾社会利益，两者只能兼顾，缺一不可。总而言之，企业社会责任就是在企业盈利的本质要求上再增加对利益相关者合法权益的考虑，也正是因为现代企业与利益相关者之间密切的联系，所以更要求企业在盈利过程中结合相关理论，将企业社会责任完善，同时加强对企业社会责任的研究和发展。

二、企业社会责任理论的演化

早在两千多年前，古希腊哲学家亚里士多德（Aristotle）曾说过，"在一个治理很好的社会中，公民不能只过着匠人或者商人的生活，这样的生活无高尚可言，也有损于人格的完善"。二百多年前，亚当·斯密也讨论了社会责任是否应被企业承担这一问题，他在《道德情操论》一书中指出企业的经济活动必须考虑两个方面，分别是利己和利他。企业社会责任理论的讨论随着现代企业的出现而被推向高潮。企业社会责任的概念首次于 1916 年被美国学者克拉克（Clark）在《改变中的经济责任的基础》一文提出，并指出社会的经济原则需要有责任，企业需要发展这种原则并将其融入商业伦理之中。此后，企业社会责任登上学术问题的历史舞台，企业社会责任的理论和实践进入真正的发展时期。以下将简述企业社会责任理论的演化过程。

（一）20 世纪 50 年代到 60 年代：传统的商人社会责任思想

1953 年，霍华德·鲍文（Howard R Bowen）在《企业家的社会责任》一书中将公司与社会之间的关联第一次上升至理论的高度，此后公司对责任的定义便初具雏形。鲍文对商业的责任进行了阐述，并指出"根据整个社会的目标和价值理念去制订企业政策并根据决定采取行动是商家的义务"。他还深入分析了企业经济生存、精神生命和道德伦理三者间的相互关系，认为企业社会使命虽然并非仙丹妙药，但企业承担社会使命却是以一种合理的方式帮助企业处理经营问题、完成经营任务。由此可见，人们必须引导企业去承担社会责任。同时，鲍文还指出了关于商人社会责任的三项主要内容：一是明确划分了企业法人社会责任主体和管理者之间的社会责任，并明确表明了社会责任的主要主体为企业管理者；二是必须明确公司的主要受托人为管理者，并表明公司社会职责的主要履行主体为企业管理者；三是明确公司社会职责，必须坚持自愿原则。1960 年，戴维斯（Davis）又对"责任铁律"这一概念进行了强化,认为"商家的社会职责要与他们的权利相称"。即"企业需要对超出狭隘的社会经济、科技和立法规定以外的话题进行思考,并且满足公司对传统经济发展目标和社会的需要"。

由于企业社会责任思想的出现,传统企业理论受到了极大的冲击,人们对公司性质和管理者受托责任观的认识因企业社会责任的出现而改变,并且企业的立法也受到了一定程度的影响,企业社会责任理论的思想潮流由此引发,同时也极大程度地动摇了自由资本主义经济理论的根基,即利润最大化理论。古典经济学家弗里德曼作为利润最大化理念的拥护者认为鲍文的思想是一种颠覆性的学说。然而利己主义思想随着企业与股东投资多元化的发展而产生,有力地回应了反对者对企业社会责任的批判。

(二)20世纪70年代:开明的利己主义思想

1970年,美国经济发展委员会(Committee For Economic Development, CED)提出了一个全新的概念——"和解社会责任与企业经济利益",他们相信与企业社会责任有关的争论会随着企业社会责任和企业权益的不符而长期延续下去,同时还指出,虽然弗里德曼"经济人"的看法是合理的,但是合理的前提条件是在股东权益最大化的假定条件下,然而很多股东会在多家公司中同时持股,其原因是在现代公司股份管理模式变化的情形下,规避风险。同时其他公司的利润在只谋求单个公司的利润最大化的情形下很有可能遭受损失,而多样化资产组合的公司实现联合收益最大化的前提条件是承担社会责任。这种"获利必行善"的思想或者通过利他来实现自利的思想被称为"开明的利己主义"。"三个同心圆"的社会责任学说于1971年被美国经济发展委员会在《工商企业的社会责任》报告中指出,该学说认为工商企业对社会责任的行为必须遵循开明的利己主义的准则。戴维斯则于1973年认为,公司环境的变化将会使公司最重要的经济支持结构和顾客基础消失。在较开明的利己主义思维中,为公司承担社会责任的最大酬劳就是利润,因为它可以鼓励公司为消费者持续地创造价值,从而促进了员工的锻炼，并且还可以成为一种对企业公民负责任的行为。

（三）20世纪80年代：企业社会责任绩效理论

卡罗尔1979年在《美国管理学会评论》发表《企业社会绩效的三维概念模型》。卡罗尔指出，企业社会责任、社会问题管理和企业回应这三个部分构成了企业社会责任绩效的三个主要思考空间，并指出公司的经济和社会目标在二者之间是可以相融互动的，而且两种目标都在企业社会责任的基本架构之内，并且还认为企业经营、法治、社会伦理和自我裁量四个方面都应该包含在公司的社会责任里面。尽管个人在公司中对不同的社会责任所占有的分量也有所不同，但对每一个人社会责任都是不能缺少的。卡罗尔从企业经营考虑的前后顺序及其重要性，把公司社会责任概括为"金字塔形结构"，为"四层金字塔"理论奠定了基础，经济责任作为基础在"金字塔结构"中占比最大，法律责任的占比则仅次于企业经营责任，在第二层，伦理责任与个人自由量裁的责任顺序分别在第三、第四层。虽然卡罗尔提出了研究企业社会责任的框架，为管理层与公司提出了系统考虑和应对社会问题的方法，但他的研究成果并未仔细探讨如何推动企业社会责任的实现。1985年，瓦蒂克（Wartick）和科克伦（Cochran）进一步改进了卡罗尔的金字塔模型，从而弥补了这一缺口，并在社会识别问题的基础上提出了关于实施企业社会责任理论的新政策。而伍德（Wood）于1991年又把企业组织制度、社会利益相关者理论以及社会问题管理方法等与企业的社会责任绩效模式相互联系，进一步增强了企业的社会责任理论在社会实际中的实用价值。

尽管企业的社会责任绩效理论最大限度地克服了以往出现的问题，但是由于没有具体衡量企业社会责任并因之产生的整体绩效，因此单用模型难以做到对企业社会责任的实证检验。并且社会绩效在各个公司内部的相互对比也难以进行，因此企业社会责任绩效理论并没有得到广泛的应用。但是大量的实证调研结果表明：公司承担社会责任的次数的提高会造成公司业绩的提高，二者正面关联。关于方法论层面上的问题，在这一调研结果中显得尤其明显，这主要取决于客观的评判准则以及清晰的理论机制，这一问题也由于现代企业社会责任与战略管理思想的产生而获得了很好的解决。

（四）20 世纪 90 年代：企业的社会责任与战略管理理论

这一时期，管理研究者逐渐在分析公司的社会责任问题上使用了战略管理研究方法和利益相关者理论。公司利益相关者的定义于 20 世纪中期逐步出现在人们的视线中，而利益相关者理论于 90 年代应用在对企业社会责任的研究上。在 1995 年，克拉克森（Clarkson）把有关公司利益相关者责任的有关研究成果刊登在《美国管理学会评论》杂志上。克拉克森首先在企业社会责任研究中大量使用了利益相关者理论，从而明确地划分了企业社会问题与利益相关者问题，分别从制度、机构与个人三个层次衡量并评估了公司的社会绩效与管理者社会业绩。琼斯在研究成果中试图把代理理论、团队产生理论和交易成本理论与利益相关者模型相结合，形成了一种带有预测功能的利益相关者理论。此后，大量的研究者在商业和社会调查中引用了利益相关者理论，并产生了大量的学术作品与成果。罗利（Rowley，1997）在社会责任网络理论的基础上，提出了通过网络的企业社会责任模式预测了企业对利益相关者产生影响的反应。1999 年，伯曼（Berman）等根据利益相关者理论提出了战略利益相关者模型和内部利益相关者模型。

企业社会责任的研究内容也随着企业利益相关者理论与公司内部社会责任理论二者之间的融合而受到了推动，并被战略管理研究者上升到了公司战略管理的最高层次。企业共同管理的关系主要产生于在公司的利益相关者之间与在公司内部，而企业的策略也因为不同的利益相关者而产生了不同的影响。1996 年，法恩曼（Fineman）与克拉克（Clarke）两位研究者提出：在公司的正式策略中，企业将利益相关者分为两部分加以分析，即内部和外部，其中，公司要对员工负责的内容分析是内部利益相关者；而公司要对工作环境负责的内容分析则属于外部利益相关者。迈尔斯等（Miles et al.，2006）认为公司的社会责任由多个方面所构成。正确的战略规划，有利于公司对所有利益相关者的社会责任加以整合，保证企业运营的健康。企业社会责任的实施所需要的金融资产、有形资产和无形资产均为公司的战略规划所提供，其成果保证了企业社会责任的完成。2001年，兰托斯公司（Lantos）更直接地把企业社会责任作为企业的基本责任，并创新了企业社会责任的"三分类"模式，把企业社会责任分成了道德性、公益性和战略性责任。在新企业社会责任策略中，公司通过把经济效益与企业社会功能融合为一，使在一切的经营活动中都蕴含企业社会责任的理念，给公司发展带来了新的机遇、开辟了新的市场、提高了企业的声誉同时也提高了企业的竞争力。

三、企业社会责任理论演化趋势

20世纪50年代以来，法学界已经在企业社会责任的基础理论研究的领域内作出了相当程度上的成就。研究者进一步拓宽了企业社会责任理论涵盖内容，如沃泰（Votaw）指出，"企业社会责任可以被不同的人赋予不同的意义。对于一个人，看来它以法律或者义务的形式出现；对于他人而言，它则富含了伦理意义；对于一部分人而言，它是'负责'的因果模式；很多人将其与企业的慈善贡献相比较；一些人将其视为社会意识，另一些人将其视同为受托责任"。企业社会责任的实践性与理性化程度，在企业社会责任发展的路径中正在逐步提升，见表2-1。管理者意识到企业社会责任不再单纯的是让社会变好的道德责任，也不再是不利于公司节省成本、损害公司盈利能力的主要原因，反而变成提升企业整体财务业绩的一项重要战略资源。

表 2 - 1　　　　　　　　　　**企业社会责任理论演化趋势**

演化趋势	20 世纪 50 年代到 60 年代	20 世纪 90 年代
分析层面	宏观社会层面	组织层面
理论导向	伦理导向	管理导向
伦理导向	清晰	模糊
理论的融合程度	基本思想	系统理论
企业社会责任与企业绩效的关系	无	紧密联系

资料来源：章辉美，张坤．企业社会责任理论的演化与发展趋势［J］．学习与探索，2012（11）：54 - 58．

就分析层面而言，对企业社会责任的研究已由最初的宏观社会层面上转向组织层面。20 世纪 50 年代到 60 年代，企业社会责任理论更注重于从宏观社会层面上来提升企业的社会责任，视企业社会责任为修正过放任式自由经济政策的一个重要辅助手段。20 世纪 70 年代，研究者试图从更具体可观的组织层面上去探讨企业社会责任问题。在当今社会，由于企业社会责任问题与公司的长期发展目标息息相关，所以有关企业社会责任和公司绩效问题的研讨也更加深入，并由此极大地促进了对企业社会责任理论的深入研究和发展。

从理论导向上来看，企业社会责任的研究由伦理导向转向了管理导向。20 世纪 50 年代到 60 年代，企业社会责任的存在方式是理论理念。20 世纪 60 年代到 70 年代，出现了两个新的概念，分别是"企业社会回应"与"企业社会责任表现"，企业社会责任在实施上的不足被这两个新概念的出现所弥补。当代社会"企业公民"理论深入人心，无论是在精神的表达上还是企业行为的展示上或者是社会责任的履行上更符合企业在社会中存在的本质，同时在经营活动中企业更能享有权利、履行责任。

企业在社会责任思想层面的理论引导，随着它在分析层面上和在理论导向上的转变，而从显性的标准与道德引导向隐性转化。企业社会责任和公司业绩之间的关系研究，由于这一转向在实务方面越来越广泛。如今，大量的学术研究结果已经证实了公司的声誉与利益相关者的权利都能因社会责任而获得增强和保护，进而使公司的社会责任绩效在整体上得以改善。

企业与社会责任理论的融合程度也随着研究者的深入研究而获得了提升。研究者在对企业社会责任思想问题的研究上一直持续地在开展着理论创新工作，从"三个同心圆"基础理论到卡罗尔的"三维"企业社会责任绩效模式、"金字塔"模式再到利益相关者模型的引进及其 IC 模式、"3＋2"模式的建立。如今，正如卡罗尔所描述的："企业社会责任理论是一种包容的范畴，其界限广泛、组织成员多样化、专业背景各有千秋、文献的集中程度有所不同、多种学科交错的观念。"管理学、伦理学和社会学都整合了传统企业社会责任理论中的理论观点，但各种模型之间所包含的理论内涵与维度交叉融合程度也越来越高。人们对公司本身的理解由公司内部社会责任理论的发展而改变。在新古典主义学说中，企业被看作股东的私有财产，而企业的基本目标仅是谋求利益股东权益最大化。但随着现代企业社会责任学说的发展，企业在利益相关者学说中逐渐被看作利益相关者的社会契约集合体，从而打破了过去人们对于公司为"私有财产"的传统理念，从而使公司由仅着眼于达到狭隘的、传统的企业经营与财务管理目标，而转变为更加深入地重视社会上各方利益与相关者权益的基本目标。正像艾尔弗雷德·钱德勒（Alfred Chandler）所说，自由市场经济中所执行的分配和调整市场经济的功能都是由公司所创造的。公司管理因社会责任思想的蓬勃发展而处于公司为整个社会的理想状态，而重视企业伦理原则形成了现代公司管理中的新动向。

第二节 企业社会责任外部驱动因素的相关理论

本章基于现存的多层次研究辨别出三个不同的分析层次，分别为：微观层次——涉及个人心理基础；宏观层次——涉及个人与组织之间所存在的问题；涉及更广泛的宏观层次——涉及更为广泛的政治、经济和社会动态。本章采用了梅拉伊等（Mellahi et al.，2016）的综合概念框架，将理论分类为两大类，分别是与企业社会责任外部驱动因素相关和内部驱动因素相关的理论。

梅拉伊等（2016）学者认为外部驱动因素的理论涵盖了与企业社会责任相关的各种观点。学者们把这些观点定义为关系、政治或综合的观点，其中包括利益相关者理论、制度理论、合法性理论和资源依赖理论等。企业与环境问题的分析上运用了这些理论。因此本节将对与社会企业责任外部驱动因素的相关理论展开探讨。

一、利益相关者理论

利益相关者理论最早在 1984 年由弗里曼提出。利益相关者的投入是企业发展不可或缺的因素，因此企业不仅要追求自身利益同时要兼顾利益相关者的整体利益，其中利益相关者是指与企业运营相关的交易伙伴，如股东、债权人、员工、消费者、供应商等，同时还包括对企业进行监督和制约的外部主体，如政府、居民、社会、媒体、环保主义等，此外还包括对企业产生约束力的客体，如自然环境。

（一）利益相关者理论的产生

企业社会责任的研究以利益相关者理论作为主流理论，在对传统"股东至上"理论修正的基础上，利益相关者理论被众多学者提出。该理论与股东利益最大化观点相互对立，它认为利益相关者是指："个人或组织，其能影响企业目标的实现或被企业的目标所影响。"在未出现利益相关者理论时，传统经济学中的"股东至上"理论一直被作为企业处理所有权问题的主导思想。该理论认为，股东投入的各项资本组成了企业的主要财产，因此，股东被认为是企业真正意义上的所有者。企业的剩余控制权和索取权属于股东，并被股东合法享有，同时股东也要承担企业的剩余风险。然而，也有众多学者指出，由于企业的部分投资来自利益相关者，企业的生存与发展也与利益相关者息息相关，企业的经营风险同时也被利益相关者所承担。因此，企业的经营管理权也应该被包括股东在内的利益相关者所享有。学者们认为若这部分利益相关者不能合法享有其应有的权利就必然会撤出投资，从而使企业的生产与发展受到一定程度的威胁。因此，利益相关者理论对企业提出要求，企业要将股东和其他利益相关者的责任处理完善。由此可见，利益相关者理论是对"股东至上"理论的颠覆，并为企业社会责任理论打下了牢固的理论基础。

"股东至上"理论经历了盛极而衰的发展过程，利益相关者理论在20世纪80年代崛起，"股东至上"理论由此受到强烈的打击。"股东至上"理论主张股东是企业应负责的唯一对象，企业的唯一目标就是实现利润或股东价值最大化，其基本逻辑是只有提供股权资本的股东才能享有企业的剩余控制权和剩余收益权，才有权作为企业的"主人"参与企业的重大经营和分配决策。因此，企业只需对股东负责。"股东至上"理论的代表人物伯利，认为企业作为股东的受托人，是其管理层唯一需要负责的对象。公司的基本法则会因为企业对除股东之外的利益相关者负责而被从根本上违背，同时会危害企业的生存和股东的利益，且有害社会整体利益水平的提高。学者奥利弗·哈特（Olive Hart，1990）从财产剩余索取权和剩余决策权论证"股东至上"主义契合权利与义务相匹配的产权制度安排。米尔顿·弗里德曼作为"股东利益"至上的极其拥护者，1970年，他将《企业的社会责任是增加利润》一文发表在《纽约时报》中，并指出在自由市场体系中，企业有且只有一种社会责任，即在社会规则框架下运用其资源并为其股东带来利润，他认为企业若对其他利益相关者负责那就是在损害自由主义市场。该篇文章被后者视为拥护"股东至上"理论的檄文。

迈克尔·詹森和威廉·麦克林（Michael Jensen & William Meckling，1976）为自由契约学派的主要代表人物，也大力支持"股东至上"理论。约翰逊与麦克林共同主张把契约关系作为经营企业的根本。他们在《企业的理论：管理行为、代理成本和所有权结构》一文中认为，现代公司是由法律虚构的一个组织形态，而联结在个人内部的契约关系则是该机构的主要职责，其充当联结的角色。其中，个体是指公司内所有产出要素的拥有者以及生产出品的所有消费者。但两位专家学者都认为，在与公司作为社会契约相关联结的前提下，对公司过多注重企业社会责任会造成巨大误导。因为公司是一个法律虚构组织，而合同关系则可以在复杂的法律程序下使对目标利益存在分歧的个体保持平衡。所以两位研究者共同提出，在将公司所有权与经营权分开的前提下，公司的代理人就是股东，而公司的运营管理工作由其委托经理人代理管理，而担任代理人的公司管理者首要的工作就是为公司实现价值最大化。由此可见，约翰逊和麦克林从委托代理关系的视角，赋予了"股东至上"观念全新的理论依据。

20世纪80年代，西方发达国家对劳资关系的紧张程度由"股东至上"论的巅峰而增加，同时社会贫富差距由政府以公司价值最大化名义授予公司管理人员巨额股份期权的实现而逐步增加。公司不顾生态环境盲目谋求股东权益最大化，因此引起社会各界的严重批评，引发人们对"公司至上"论进行深层次的反省，终于引发利益相关者理论的热潮。由前文可知，利益相关者理论可以被称作企业社会责任论战的产物。利益相关者理论则认为股东利益至上理论中对人力资本雇佣劳动重视程度过高，公司的利益相关者概念从根本上遭到了否定，尤其是给公司价值带来的巨大贡献的人力资本。不管从企业伦理道德还是从可持续发展方面角度来看，利益相关者理论的拥护者都认为，公司在为股东承担创造价值的受托责任的同时，还需要对其他利益相关者承担责任。

1960 年，斯坦福研究院第一次提到"利益相关者"一词。随后，弗里曼根据利益相关者学说进行了系统化的阐述。1984 年，弗里曼在《战略管理》一书中，把其界定为一切可以对一个组织的目标及其过程施加重大影响，并受之影响的群体或个人。具体分为三种：拥有者、社会经济依赖性关系者和特殊经济社会关系者。其中，拥有者包含大公司以及拥有控制权的董事和管理者等；社会经济依赖性关系者包含企业雇员、债务人、供应商、消费者、竞争者等；特殊经济社会关系者则包含媒体、特殊利益集团等。2010 年，弗里曼等学者在《利益相关者理论：最新动态》一书中，进一步地将相关者区分为主要利益相关者和次要利益相关者两大类，如图 2 - 1 所示。

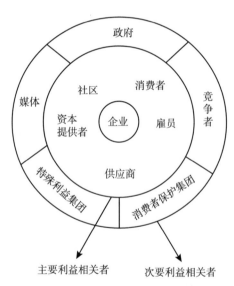

图 2 - 1　主要利益相关者和次要利益相关者分类

资料来源：Freeman R E, Harrison J, Hicks A, Parman B, Colie S. *Stakeholder Theory：The State of The Art* ［M］. Cambridge：Cambridge University Press, 2010：50 - 58.

（二）利益相关者理论在企业社会责任中的实践

利益相关者理论的支持者弗里曼等认为，企业作为利益的集合体，不同的利益相关者包含于其中。因此，企业的管理层对资本的主要提供者负责的同时还要对其他利益相关者的诉求负相应的责任。支持利益相关者理论的学者们认为，股东之外的其他利益相关者理应包含在企业的社会责任之中，对其承担责任。履行社会责任对于企业而言不仅是外在责任，更是内在需要，其能使企业吸引和维护战略资源。企业在仅有股东资本投入，无其他利益相关者投入的情况下很难做到以持续经营的方式为股东创造价值。

随着论战的进行以及大量学者的支持与拥护，利益相关者理论逐渐成为企业社会责任的主流思想。美国企业界在 1997 年的"商业圆桌会议"上也被动性地改变了立场，开始接纳利益相关者理论，表示出对企业社会责任的支持。1997 年"商业圆桌会议"表示，其他利益相关者的利益只是企业的衍生责任，其首要职能是管理层和董事会为股东进行服务。然而在 2019 年 8 月的"商业圆桌会议"上，200 多家公司的首席执行官在五项承诺中发生了巨大的转变，股东的责任被他们后移至最后一位，而客户的责任则被他们放于首位。

利益相关者主义虽然对股东至上理论进行了批评，并要求企业对除股东之外的其他利益相关者负责，但企业具体应当承担哪些责任并没有被明确地指出，企业社会责任的边界不明确。

（三）利益相关者理论对企业社会责任披露动机的预测

根据利益相关者理论，一个组织可能参与企业社会责任的活动和报告，以履行其对利益相关者的责任：从管理角度看，是对经济上有实力的利益相关者的责任；从道德角度看，是对所有利益相关者的责任。通过披露企业社会责任信息，组织明确了利益相关者对企业运营某些方面的知情权。同时，企业社会责任信息的提供使信息不对称性大幅度降低，给不同类型的利益相关者带来一个公平的竞争环境，作为回报，组织可以通过改善形象和声誉来吸引投资者，从而降低资本成本，提高现有员工的留存率，吸引"未来员工"，改善与利益相关者之间的关系，以获得他们的支持和认可（Gray et al.，1996）。

二、制度理论

（一）制度理论的概念

制度理论考察了组织形式，解释了在同一"组织领域"内的组织中具有同质特征或形式的原因。迪玛奇奥和鲍威尔（Dimaggio & Powell，1983）将组织领域定义为"那些总体上构成一个公认的制度生活领域的组织，包括关键供应商、资源和产品消费者、监管机构以及其他生产类似服务或产品的组织"。卡彭特和费罗兹（Carpenter & Feroz，2001）强调"制度理论认为组织是在一个由规范、价值和关于什么是适当或可接受的经济行为的公认社会框架下运作的"。与制度理论相一致，组织领域通过增加合法性、资源和生存能力，去面对变革的压力。迪玛奇奥和鲍威尔（1983）认为，一旦一个组织领域被构建起来，社会中就会出现各种强大的力量，从而使该领域中的组织变得更加相似。

制度理论中存在两个维度：同构和脱钩。迪玛奇奥和鲍威尔（1983）认为，同质化过程最能够被同构所描述。他们将同构定义为"一个约束过程，迫使一个群体中的一个单位与面临相同环境条件的其他单位相似"。莫尔等（Moll et al.，2006）将同构分为两个部分：竞争同构和制度同构。根据莫尔等（2006）的说法，竞争同构是指"竞争力量如何推动组织采用最低成本、高效的结构和做法"；制度同构可以分为三种不同的同构过程，包括强制性同构、模仿性同构和规范性同构。

第一个过程是强制同构，与外部因素有关，如股东影响、员工影响和政府政策。因此，该过程的产生是由于强大或关键利益相关者的压力，以改变一个组织的制度实践，如企业社会责任报告。显而易见，强制同构的过程与利益相关者理论的管理视角有关，它关注的是强大的利益相关者。在讨论强制同构如何在组织内创造某种形式的同质性时，有学者指出，"一家公司可能被强制采用其现有的自愿性公司报告做法，使之符合强大的利益相关者的期望和要求，同时可能忽略了不太强大的利益相关者的期望。由于这些强大的利益相关者可能对其他组织也有类似的期望，所以不同的组织采取的做法会趋于一致"。

第二个过程是模仿性同构，涉及组织试图模仿或复制其他组织的做法，主要是为了获得合法性方面的竞争优势。不确定性是鼓励模仿的强大力量之一（Dimaggio & Powell，1983）。在解释模仿性同构的原因时，厄纳曼和班尼特（Unerman & Bennett，2004）指出，"任何组织如果不能（至少）遵循同一部门的其他组织所采用的创新做法和程序，就有可能失去与该部门其他成员的合法性"。

根据迪玛奇奥和鲍威尔的观点，最后一个同构过程是规范性同构。它与从共同价值观中产生的特定制度做法的压力有关。将规范性同构与公司报告（包括自愿报告）联系起来的过程中，迪根等（2002）指出，"对于会计师为之工作的组织而言，会计师遵守会计准则的职业期望是一种规范性同构的形式，以产生由会计准则塑造的会计报告（一种制度实践）。就自愿性报告做法而言，规范性同构压力可能来自管理者所属的一系列正式和非正式团体的影响，例如他们工作场所的文化和工作惯例"。

在不考虑其实际效用或组织效率的情况下，上述三个同构过程都会导致组织在其领域内采用类似的结构和管理实践。根据卡彭特和费罗兹（2001）的说法，"制度理论的前提是组织对来自制度环境的压力作出反应，并采用被社会接受为适当的组织选择的结构或程序"。

除了同构性之外，脱钩是制度理论的另一个维度。该维度涉及组织的外部形象与它的实际结构和程序或实践之间的分离。一个组织的实际做法不一定符合外部期望。这种分离，可能是组织有意或无意的行为，人们将其称为脱钩。根据迪拉德和里格斯比（Dillard & Rigsby，2004）的研究，"脱钩是指正式的组织结构或实践与实际的组织实践相分离的情况"。迪根等（2002）将脱钩与企业社会责任报告实践联系起来，指出"这种脱钩可以与合法性理论相互联系，社会和环境的披露可以用来构建一个组织形象，该形象可能与实际的组织社会和环境表现有很大的不同。因此，通过公司报告构建的组织形象可能是社会和环境责任的形象，而实际的管理要务是利润率或股东价值的最大化"。

（二）制度理论在企业社会责任中的实践

梅耶和罗恩（Meyer & Rowan，1977）根据制度理论提出，企业需要在规定的商业环境中遵循社会规范，如果不存在合法性，企业就无法生存。2001年，斯科特（Scott）指出外部行为者的力量强大并不是企业遵守环境的原因，而是某些实践"被视为'我们做这些事情的方式'，这是理所当然的"。对于"制度同构"企业社会责任在新制度主义的传统下进行了深入的探讨。即当相似的公司面临相似的制度压力时，公司的战略和实践将在确定的制度环境下变得相似。2007年，马奎斯（Marquis）等提出"全球问题舞台"和行业内的战略集团在地方社会制度背景下也依旧存在趋同压力。相对于其他理论，制度理论的优势就是它将企业社会责任本身视同社会制度。2007年，巴特利（Bartley）指出，在更广泛的社会和经济治理体系中，企业社会责任是一种治理模式。

三、合法性理论

（一）合法性理论的概念

合法性理论强调，组织不断地试图确保他们被认为是在他们所处的社会纽带和规范内运作（Deegan et al.，2002）。合法性理论意味着商业组织和其各自的社会之间存在一个"社会契约"。这种社会契约涉及组织是否在上述社会的界限和规范内运作，即社会的期望。这种契约的条款可以部分是明确的，部分是隐含的。明确的条款包括法律要求，而社会的期望构成了隐性条款（Deegan et al.，2000）。一个组织需要确保这些条款不被违反，以保持该组织良好的合法性状态，继而社会通过这些条款允许该组织继续存在。

在合法性理论中，社会被视为一个整体，而不单独考虑个人（Deegan et al.，2002）。因此，该理论关注的是组织与整个社会之间的关系。组织不是孤立存在的，需要与社会保持持续的关系。例如，组织从社会获得人力资源和材料，同时也向社会提供他们所需的产品和服务（Diamantopoulos & Mathews，1993）。最重要的是，组织的废品被社会（自然环境）吸收，并且组织不需要付出任何代价。根据众多学者的观点，组织本质上没有权利获得这些利益；但为了允许组织继续存在，社会期望利益大于社会的成本（Diamantopoulos & Mathews，1993；Deegan et al.，2002）。合法性理论认为，整个社会的期望必须由组织来实现，而不仅是代理理论等股东理论中所强调的所有者或投资者要求。根据合法性理论，只有当这些期望得到满足时，社会才会允许组织继续运营并确保其生存。换而言之，该理论认为，"只有当组织所在的社会认为该组织的运作符合社会自身的价值体系时，组织才能继续存在"（Gray et al.，2009）。因此，根据合法性理论，一个组织的合法性水平对于它的持续生存是至关重要的。

然而，以这种方式运作组织并不容易，由于社会的各种规范和期望在不断变化，因此，很难与组织的目标保持一致。最终可能会出现所谓的"合法性差距"，在组织未实施适当合法化战略的情况下，这类差距或威胁会给组织带来风险。林德布卢姆（Lindblom，1994）提出了四种合法化策略，一个组织可以采取这些策略，以使其在社会中的运作合法化。这四种合法化策略是：提高利益相关者的经验，充分了解这种差距和威胁的实际表现；在不改变组织行为的情况下，改变利益相关者对基本问题的看法；转移人们关注问题的注意力，设法将注意力转移到有利的问题上；或设法改变外界对组织表现的期望。

（二）合法性理论在企业社会责任中的实践

林德布卢姆（1994）的合法化策略，可以运用在企业社会责任活动和企业社会责任报告中。例如，组织通常倾向于披露积极的企业社会责任行为，而不是负面消息（Gray et al.，2009）。这种策略意味着，通过企业社会责任的披露，有利于组织寻求沟通的合法化行动（Deegan et al.，2002）。正如蒂林（Tilling，2004）所言，合法性理论中存在两个流向：一个是广泛的视角，另一个是狭义的视角。

一方面，这种广泛的视角，一般被认为是合法性理论的"宏观理论"或机构合法性理论。其关注的是组织结构，例如资本主义，作为一个整体是如何从整个社会获得合法性的（Tilling，2004）。这种更广泛的视角主要是由马克思主义的思想提供的（Tilling，2004）。

另一方面，狭义的观点侧重于组织层面，关注的是单个组织的合法性（Gray et al.，2009）。蒂林（2004）认为，"大多数会计研究倾向于从这个层面来理解合法性"。在该视角下，苏克曼（Suchman，1995）认为组织的合法性是一种类似于组织中其他资源的运作资源，它需要实现其目标。组织的合法性会随一些活动和事件，如环境友好型组织行为、社会发展项目和披露正面新闻的增加而增加；而一些活动，如重大事故或大众媒体上公布的财务丑闻，则会降低合法性。合法性理论的主要局限性在于其在企业社会责任领域的模糊性，因为它并没有"真正告诉我们为什么组织可能选择完全不披露，也无从得知为什么披露可能如此具有选择性"（Gray et al.，2009）。

（三）合法性理论对企业社会责任动机的预测

为了与合法性理论保持一致，组织可能参与企业社会责任活动和报告，以保持、获得和重获其合法性。因此，在合法性理论中，通过企业社会责任披露使组织的运作合法化的愿望被认为是推动披露相关决策的预测动机（Deegan et al.，2002）。当企业管理者受到这种动机的驱使时，"企业会做任何他们认为必要的事情，以维护其合法企业的形象，拥有合法的目标和实现方法"。根据以往经验，为了提高组织的合法性，组织可能会避免披露与他们有关的负面消息，对大众媒体新闻解释，增加正面的企业社会责任新闻，他们认为这有助于提高或维持组织的合法性水平。

四、资源依赖理论

（一）资源依赖理论的概念

资源依赖理论特别强调组织者所有权活动，将组织视为一种政治行动，并指出组织者的决策无不与组织者设法获得各种重要资源，或者设法限制其他机构的所有权活动直接相关。同时资源依赖性学说也考虑组织者的内在原因。普费夫等也剖析了组织内部的权力问题，并指出能创造大量资源的组织委员明显比其余成员更为关键。而后来的学者也对政府资源依赖性学说展开了大量的经验研究，使之形成了一种系统的学说。这种理论通过解释了政府对各种资源的依赖性，也直接说明了政府和各种资源之间的相互作用关系。

资源依赖性学说指出，各企业内部的各种资源之间存在很大的差别，而且无法充分地自由流转，因此许多重要资源都无法从交易市场上经过价格实现自由买卖。例如机构的才能，它以惯例价值作为判断尺度，从而可以通过比机械设施等有形资源从交易市场上创造更长时间的优势。但尽管如此，它也并不能够直接在交易市场上购买。而与此同时，相对于企业持续增长的发展目标而言，所有公司都不能够充分掌握其需要的所有重要资源，在各种资源和目标之间也存在着一些战略差异。为了掌握这些重要资源，所有公司也就会与在其所处的环境内的管理着这些重要资源的其他已组织化的经济实体进行交流，并由此产生了组织内部对重要资源的相互依赖性。由于相互依赖性，机构会努力支配他们的工作环境，并计划它们对偶发事件的反应速度；努力寻求更亲密的人际关系；努力减少对市场经济环境的相互依赖性，以及对高技术化的工作机会的相互依赖性。

资源依赖性学说的主要论点可总结为：一是组织之间的资源依赖性形成了其他机构对某个组织资源的外部控制权，从而影响着组织内的权力配置；虽然维持组织的正常运转需要很多种不同的资源，但这种资源并不可能都由组织本身所创造。二是外界控制与内在的权力结构形成了组织活动的基本条件，从而形成了组织想要脱离外界依赖，并保持组织自主度的行为。而资源依赖学说则指出，组织更应当被看作一个社会"联结"。组织是拥有巨大权力与能源资源的社会能动者，而中心问题则是谁将管理这种能力并且达到怎样的目的。

通过剖析组织如何以兼并、合作、游说或管理等方式改善自然环境，可以表明组织目标不仅是为需要去适应性自然环境的行为者服务，而要让自然环境来适合自己，这也是环境资源依赖论中一个很突出的特征。该学说特别重视对自然环境的影响，也重视与组织之间的关联。在实际管理活动中，大量的组织合并战略、组织网络战略都是组织控制环境资源的范例。例如，组织通常会采取垂直合并战略来减少与其他组织之间的共生性依赖；或者采取水平扩张战略，吸引竞争对手以减少在竞争中的不确定性；甚至采取多样化的战略，并扩展至许多应用领域，以减少或依赖一个应用领域内的主导性组织等。有人批评资源依赖论过分注重对权力的制约效果，而忽视了效率因素与制度文化的影响。

（二）资源依赖理论在企业社会责任中的实践

1978 年，萨兰西克（Salancik）和普费弗（Pfeffer）曾对资源依赖性理论进行过深入研究，组织对其环境中有关生命的重要资源的流动具有很强烈的依赖性。这样，在环境中为组织持续存在创造资源的组织要求就必须被满足。尽管资源需求论最初的提出目的是对机构内部和组织内部各单元之间的关系进行理解，但该理论也同样适合于研究企业内部与各种各样的组织和行动者之间的关系。资源依赖理论与制度理论两者息息相关，但两者之间存在明显的差异，即资源依赖理论明确地允许战略决策。

1991 年，奥利弗，指出在资源依赖理论中，组织依赖于大量不同的参与者，他们可以对公司提出相互冲突的社会需求，而一家公司很难可以做到对所有需求的满足。1995 年，英格拉姆（Ingram）和西蒙斯（Simons）指出，这就能为社会中高度依赖女性员工的组织会更关注工作与生活之间平衡的现象作出相应的解释。同时也可以用来解释，在发展中国家自然资源公司高度依赖农村地方社区在卫生和教育方面投资（Hess & Warren，2008）。相反，激进的压力组织，如环境非政府组织选择不同类型的企业社会责任相关的策略来影响公司（Hendry，2005）。

资源依赖理论的观点强调了董事会确保关键资源（知识、个人关系或合法性）的流动。例如，董事会的多样性对公司的社会表现有积极的影响（Hafsi & Turgut，2013）；董事与提供知识密集型商业服务的公司互动，与采用积极主动的环境战略呈正相关（Ortiz et al.，2012）；在拥有更大董事会、董事会中积极首席执行官的代表更多、董事会中拥有更多法律专家的公司的环境表现更高（Villiers et al.，2011）。

鉴于企业与其他群体之间的交互对环境资源流动很重要，卡西尼斯和瓦费斯（Kassinis & Vafeas，2006）在调研中表明，与重要外部群体之间的交互可以提高企业的整体环境绩效，他们发现表现出良好的环保业绩的公司更依赖当地社会。2014 年，又有研究把公司环保业绩的提升和利益相关者的社会压力、经济压力和环保法规等联系了起来（Yu et al.，2014）。

第三节　企业社会责任内部驱动因素的相关理论

本节探讨与企业社会责任内部驱动因素的相关理论，资源基础理论和代理理论有助于理解公司管理和组织内部个人的社会价值，因此本节采用这两种理论来分析内部动态以期解决社会和环境问题。

一、资源基础理论

（一）资源基础理论的概念

第二次世界大战结束后，全球的经济开始复苏，各行各业又一次迎来发展的春天，持续获得企业竞争优势成为社会各界关注的焦点。在这种背景下，聚焦组织内部成长创造性，企业被视为一个资源的集体，有效获取和科学配置人力资源、实物资源等在内的异质性资源，有利于企业自身绩效的提升，并进一步塑造企业核心竞争优势，最终促进企业自身稳步成长。该理论率先敲开了资源异质性研究的大门，首次提出了异质性资源对创造企业核心竞争优势的重要性，为资源基础理论的诞生奠定了理论基础。然而该理论在当时并未引起巨大反响。

20世纪80年代，迈克尔·波特（Michael Porter）作为企业战略管理学派的代表性人物，重点关注企业外部环境对企业竞争优势来源展开的学术探讨，众多学者认为企业战略选择主要依赖于对产业结构、市场机会与竞争对手等外部环境因素的分析，这些因素在企业获取并持续保持竞争优势中起决定性作用。随着全球经济的持续增长和生产力的进一步发展，西方发达国家先后跨入后工业时代，社会资源十分丰富，企业的竞争也逐渐由大机器竞争转向资源竞争。众多学者发现，外部因素的研究已经无法对处于相同环境下却拥有不同绩效的企业成长现象作出准确的解释，因此研究焦点逐步转向组织内部。其中，沃纳菲尔特（Wernerfelt，1984）对企业差异化战略展开研究并提出资源基础观，指出企业进行战略选择的逻辑起点是企业对资源的关注，同时强调企业依托异质性资源、知识及能力构建资源位置壁垒可以作为企业获得高额利润的合理解释，这种"资源—知识—能力"视角为企业资源合理分配及战略发展提供有力的依据，同时为以后的研究做了铺垫。巴尼在此基础上指出，企业战略选择要以企业独特资源与能力的分析为基础，认为组织所掌握信息的充分程度对战略资源获取意义非凡，同时提出企业获得竞争优势的基础是企业资源的价值性、稀缺性、不可模仿性和不可替代性。这类资源不仅包括企业的物力资本资源，如资产、设备等，还包括内在的组织资本资源与人力资本资源，如企业结构、品牌、声誉、信息、知识、能力、员工综合素质等，它们不仅可以帮助企业管理层制定并实施企业战略，还有助于企业构建隔离机制，通过异质性资源构建、事前竞争限制、资源非完全移动以及事后竞争限制这四种资源竞争战略，有助于企业的交易成本在一定程度上降低、维持利润，最终对企业战略目标实现具有促进作用。

（二）资源基础理论的发展

1. 传统资源基础观的局限及发展

传统资源基础观存在一定的局限性，其过分强调企业所拥有的异质性资源对于构建核心能力与竞争优势的重要性，而忽略了关于资源形成与演变过程以及如何获取和配置关键资源在企业核心竞争力中作用的深入探讨。于是学者们逐渐开始探讨企业内部核心竞争优势来源及异质性资源和能力的重要性，强调组织战略资源往往来自其内部自发合作而积累起来的隐性知识集群的传统资源基础理论体系在融合产业经济学、组织行为学等学科的基础上建立起来，为战略管理研究提供了新思路。因此后续研究针对以下两个方面展开：一方面，在复杂的外部情境下企业突破核心能力刚性的一致诉求的研究中，学者们引入动态能力理论并构建动态资源基础观，通过深入剖析组织资源存量与能力形成之间的内在关系，弥补传统资源基础理论仅基于静态视角探究资源存量在竞争中的重要作用而未回答企业如何动态匹配外部环境以获取持续竞争优势的问题的局限；另一方面，组织资源存量与能力构建之间存在具体机制缺陷，而传统的资源基础理论无法对其进行清晰的解释，因此借助动态能力理论，学者们聚焦组织对内外部资源有效行动，建立资源行动观，并形成资源拼凑和资源编排两类代表性理论。

虽然上述两方面研究依旧在不同的侧重点，但二者在研究基础上相辅相成，相关研究成果在传统资源基础观的基础上做了相应的补充与完善，为资源基础理论的长期发展作出了巨大贡献。本节将资源基础理论发展脉络细化为三个观点，即传统资源基础观、动态资源基础观、资源行动观，并对现有理论进行总结，形成一个理论系统。

2. 动态资源基础观：动态能力的引入

传统资源基础观认为企业的竞争优势由企业拥有的资源的异质性与企业能力带来，其中资源作为生产上的投入要素，而能力是运用资源完成任务的各项技能的集合。随着研究的深入，"能力"这一概念被资源基础理论研究者不断强化并逐渐为其赋予了更抽象的含义，如普拉哈拉德和哈梅尔（Prahalad & Hamel，1993）提出企业独有并难以模仿，且可以为企业带来竞争力的核心竞争，伦纳德（Leonard，1992）提出核心能力即具有战略意义的、可为企业创造竞争优势的能力集合。然而核心刚性存在于核心能力之中，具有一定的局限性，其在为企业带来竞争优势的同时也抑制了企业的创新产出，随着外部情境日益呈现复杂动态性特征，这种局限性被进一步放大，如何动态匹配外部环境使企业获得持续的竞争优势成为困扰资源基础理论研究者的重要议题。为使企业突破这一局限性，蒂斯等（Teece et al.，1997）提出动态能力理论（Dynamic Capabilities），并将其定义为组织构建、整合、重构内外部资源助力企业创造产品和流程以提高企业对动态变换市场环境的应对能力。动态能力理论考虑动态情境下企业如何利用资源以获取持续竞争优势，弥补了传统资源基础观对企业异质性资源存量在竞争的研究上只使用静态分析的缺陷，为资源基础理论后续发展提供了演化视角和重要理论基础。随后学者们进一步研究，指出动态能力更具目的性与针对性，是区别于一般能力的高阶能力，是在组织积累经验、吸收外界知识与动态学习的过程中由组织所具备的基础能力或一般能力演化而来，是一套适应性惯例或行为集合，是在组织应对外部环境动态变化的过程中形成的。动态能力维度划分可以大致分为两类：一类是基于企业具体战略实施角度，认为企业的能力包括产品开发、联盟与战略决策能力；另一类基于管理过程角度，将其划分为机会感知、识别能力、组织学习能力和整合布局能力，强调其不仅包括能力的占有，而且还包括部署与升级，认为动态能力的建设不是将动态能力与能力构建简单的结合，而是需要以额外的能力监控机制作为保障助力企业突破能力及资源路径依赖、组织结构惯性以及高管团队承诺刚性。相关研究明晰了资源与能力之间的区别与联系，回答了异质性资源及能力的来源，指出合理配置资源可以促进企业能力提升，强调组织应及时响应环境变化，有效协调或重新配置内外部资源与能力，从而提升核心竞争力，实现自身可持续发展，为资源基础理论研究注入了活力。

3. 资源行动观：过程导向的资源行为

动态资源基础观从动态演化视角分析了资源存量与持续竞争优势两者之间的关系，但在资源形成和配置的具体机制方面依旧存在缺陷。后续学者围绕组织资源获取与整合的动态行为从以下两个方面完善：一方面分析资源形成机制，研究如何在自身资源基础上发展出新的资源，如沃纳菲尔特（1984）指出，组织应在既有资源基础上通过扩展资源组合获取新资源以放大组织在新资源竞争中的不对称优势，关注资源和能力投资、异质性资源评估、资源管理流程构建有利于促进资源获取与积累，从而实现异质性资源位置跃迁，这类研究中最具有代表性的理论，从构建视角出发，力图助力新创企业突破资源约束的资源拼凑理论；另一方面是在动态能力理论基础上基于过程视角探究资源配置的具体机制，这类研究中最具有代表性的理论为探索一般情境下企业全生命周期的跨边界资源管理行动、强调管理者在资源与能力间发挥重要作用的资源编排理论。上述两类研究都以行动视角为出发点，深入研究企业内外部资源的动态行为在组织资源积累与能力构建之间的关键作用及内在机制，在对传统资源基础理论和动态能力理论的基础上，同时弥补了"怎么做"方面的理论不足，由此学术界借鉴西蒙等（Sirmon et al.，2008）提出的"以资源为中心的行动"新概念，进一步将其归类为资源行动观。

第一，资源拼凑理论。由于资源基础理论本身存在一定的局限性，学术界发现探讨面临资源和能力约束的新创企业的创业过程与成长路径是再现异质性资源创造过程的理想切入点，为了协调新创企业资源的配置，贝克和纳尔逊（Baker & Nelson，2005）提出资源拼凑理论。该理论强调新创企业通过对现有资源的"将就利用和拼凑重构"进行价值创造的即刻行为是其突破资源禀赋限制与创业情境约束来提升组织绩效和企业竞争力的有效途径；认为通过增强对企业所在网络的关系管理来提升自身合法性并将所获取资源整合嵌入组织内部情境之中是拼凑行为成功实现的必要保障。其中，"凑合利用现有资源""突破资源约束"及"即兴创作"作为资源拼凑理论的核心概念代表了拼凑对象、目的及方式。资源拼凑理论的提出是在突破传统资源基础观的基础上，强调了独特资源并为其注入特定情境，对既有研究尚未回答的关键资源构建问题进行了阐释，为新创企业的资源行动提供了宝贵的指导。后续学者从制度、行为、战略、能力等视角出发，一方面重点关注创业企业内部资源行为，认为进行包容式创新，重新组合现有资源可以为企业带来创业机会，资源配置能力和企业家精神在此过程中发挥着至关重要的作用；另一方面基于企业资源的外部寻求，学者们在资源拼凑理论的基础上进一步提出网络拼凑，该理论指出创业企业突破自身网络边界限制通过制度拼凑、顾客拼凑和要素拼凑获取合法拼凑制度身份是其提升自身能力塑造竞争优势的有效路径。然而值得注意的是，资源拼凑也存在一定的风险。尽管资源拼凑可以助力企业通过主观能动性与创造利用性，发挥以较为平和、稳定的方式来打破情境约束的瞬态结构，但对资源拼凑的过度依赖可能会导致企业创新绩效的部分丧失。因而资源拼凑理论往往更多适用于企业初创阶段，当企业能力和可用资源量因其资源行动得到提升之后，进入成长或成熟阶段时其适用性减弱。

第二，资源编排理论。21世纪初，西方发达国家普遍步入信息社会和知识经济新时代，各类企业开始突破自身边界限制、整合和利用内外部资源，协同构建创新网络以实现多元主体互利共赢。为指导一般情境下企业全生命周期的跨边界资源管理行动，因此需要建立更具普适性的资源行动理论，于是西蒙等提出资源管理模型，指出企业资源管理是构建资源组合后，整合资源升级能力进而协助资源与能力创造价值的综合过程。为更好地区分资源与能力的内在关系并打开资源配置到持续竞争优势获取的流程黑箱，西蒙将"资源管理"的过程思想和"资产编排"的协同思想与动态能力相融合，在此基础上提出资源编排理论。该理论认为突发事件、产业结构及边界等的动态变化会提升环境不确定性进而改变资源、能力、战略之间的互动关系，强调企业各层级应随环境变化采取相应的资源管理行动，并指出企业在资源编排过程中应采取结构化、捆绑和利用三类行动活化资源，即通过跨边界获取、积累和剥离实现资源组合结构化，依靠各层级维持、丰富既有资源和开拓创造新资源的行为进行资源捆绑以构建能力，通过动员、协调、部署来利用能力创造价值，这统一了资源管理学派对资源管理构成要素及流程的探索，并提供了一般性可操作的资源管理流程范式。随后学者们聚焦于企业全生命周期或在特定情境下的资源行动，指出信息技术能力、网络能力等支持组织获取和运用内外部关键资源的资源协调能力对小型企业克服资源负债、提升企业绩效有重要作用，认为资源协调能力的提升不仅需要高层管理者的引领，而且需要企业各层管理人员的参与及协调，强调关键战略实施过程中，资源部署与企业战略的契合至关重要。相关研究将组织资源基础与组织能力联系起来，聚焦组织内部各层级管理者资源配置行为，探讨组织资源禀赋向组织能力的转化过程，从企业边界、层级、生命周期三个方面丰富了资源基础理论，并助推其初步实现了由基于静态视角探究资源关键作用的资源基础观，向探寻组织资源获取与管理动态过程的资源行动观的阶段性演化。

（三）资源基础理论在企业社会责任中的实践

公司的发展战略与企业人力资源禀赋在运用内部人力资源的策略能力等方面的差异性问题经由人力资源学基础理论的出现而获得了较好的解决。企业追求可持续的竞争优势与战略管理中重视企业内部适应外部环境的观念形成了鲜明对比。企业资源基础理论的前提，是企业特定资源能够提供可持续的竞争优势。哈特在1995年将企业社会责任与资源基础理论结合，指出公司特定的经济收益可由与企业社会责任投入有关的专业技术或能力提供。企业社会责任被看作对能力的投入，能使将公司与竞争者明确区别出来，并能有效改善公司业绩。但是，关于企业的社会责任如何才可以形成"异常回报"，从而产生相对于竞争对手的可持续竞争优势，该问题目前在社会资源理论研究中仍未能取得一致结论。有些研究成果指出，公司的竞争优势会随着企业社会责任产生相应的变化能力（例如绿色创新）的提高而提高。宋晓娜和张峰（2020）实证分析得出了企业社会责任和企业竞争力呈"倒 U型"关系的结论，并且非国有企业社会责任的履行的作用与效果并不理想，但社会责任与竞争力之间的"U型"关系为扭转社会责任履行的负向效应提供了有力依据。

二、代理理论

现代企业理论缺一不可的就是代理理论，在企业的所有权和经营权相分离的基础上该理论被建立起来，强调利益在委托人和代理人之间并非一致，并且两者之间存在信息的不对称。现代企业的发展要求建立与之相适应的理论，而代理理论的出现就正好符合这一需求。

（一）代理理论的概念

亚当·斯密早在《国富论》中，就认为："股份公司的管理者所使用的财富并不属于自己，而且他也不能像私营公司合作者一样具有经营管理公司的能力和觉悟。因此，疏忽大意、不注重成本节约在股份制公司的管理经营中时常发生。"1932 年，"两权分离"问题被推到了人类面前，将公司所有者与经营者一体化的管理方式不利于公司发展，并且存在很大的缺点。"两权分离"主张如果把经营者与所有权人相互分开，企业所有者保留剩余所有权，而将经营权利让渡，两者必须做到分离。此时，委托代理理论的基本框架还不能得到完善。随着新古典经济学的概念逐步被打破，退出历史舞台。研究者也开始把注意力转向到了公司内在的运作结构以及相关原理上。就在这一时期，公司代理学说也逐步产生了。到 1972 年，德国学者阿尔钦和德姆塞茨对公司内部的激励问题进行了深入研究并逐步形成"团队理论"，即把公司看作典型的团体生产。它有三种基本构成要件：有两个或以上的共同实现目标愿望的团队成员；团队成员间都会相互作用；团队所形成的结果都带有一体属性，且密不可分。于是，偷懒和搭便车的行为便会由此形成。为防止这两类情况的同时出现，企业就需要引入监督者。同时为增加监管主体在工作中的积极性，更好地实现监管职责，企业必须规定监管主体拥有剩余所有权并享有变更合同的权利。此外，如果监督主体不是所有人，那么投资成本也会发生过高的情况，所以监督主体还应该是团队中固定投资的所有人。因此，典型意义的资本主义企业就应运而生。

1976 年，英国学者詹森和麦克林共同出版了《企业理论：管理行为、代理成本与所有权结构》建立了代理理论分析现代企业管理问题的基础架构，并形成了"代理商成本控制"学说。在此后，代理关系一直被研究者视同为契约关系。当公司的效益最大化者分别是股东和管理者时，人们就可以设想，管理行为不能总是围绕着公司的最高效益而进行。因为管理者需要通过得到股东的激励才可以很好地避免这样一个问题，并且还可以通过对代理人的活动监督费用进行提高，限制双方利益偏差来避免这一问题。此外，在特定情况下，还可以对管理员工缴纳保证金以保证管理员工对公司不会做出风险举动。另外，约翰逊还第一次详尽阐述了代理成本的总概念：在一般代理关系中，委托人与代理商之间将对监督费与担保费各自进行负担。并且，如果委托人的决定与代理商利益最大化的决定之间出现了某种偏离，而该偏离就是一个剩余损失，因此代理成本的总和概念是：委托人的监督支出；代理人的保证支付；剩余损失。

（二）代理理论的假设前提和运作机制

1. 假设前提

假设一：委托人和代理人之间利益相互冲突。委托代理理论中，委托人和代理人共同属于经济人范畴，两者都以实现自身效用最大化为行为目标。对于代理人而言，其努力与结果成正比，而委托人和代理人对过程与结果的关注程度存在很大差异，委托人对结果更为关心，或者也可以说委托人只对结果关心，代理人对努力的过程关注度更高。但代理人的成本（付出的努力）决定了委托人的收益，而代理人的收益又等同于委托人的成本（支付的报酬）。因此，委托人和代理人在利益方面存在很大的差异，甚至这种利益是相互冲突的。由于利益的相互冲突可能会带来代理问题，代理人可能会利用委托人的资源决策为自己谋权。由此，委托人与代理人之间需要建立某种机制（契约）以协调两者之间相互冲突的利益。

假设二：委托人和代理人之间信息不对称。委托代理学说还假定委托人和代理人相互之间存在信息的不对称。该学说还指出，在委托代理关系中，委托人的实际付出与工作水平并没有被委派人所观测到，即便可以观测到，也不能够被第三方所证明；但实际上，委托人都很了解付出的能力水平。而委托代理学说则主张委托代理结果和委派人能力水平直接有关，并具有可观测性与可证实性。由于委派人对代销者的能力水平无法掌握，委派人便可以运用自己掌握的信息资源优势，谋求最优化效益，由此便可能形成代理问题。委托人能力水平的不可测量性或无法证明性，意味着委托人的能力水平并没有被包括在合约条件之中，因此合同虽然包括了这一变数，但一旦发生了违约事件，也就没有第三方能够了解委托人是否是真的违规。所以，委托人需要设定一个合约条件或制度，引导委托人选择符合委托人利益的最佳能力水准。

在委托代理关系中，当委托人和代理人双方发生利益交叉冲突且消息对称时，双方就可以寻找最佳对策，从而化解代理商问题；而只要委托人和代理人双方并未发生共同利益矛盾，甚至消息也不正确，代理问题就不会发生。即在委托人和代理人双方的共同利益产生冲突彼此矛盾同时消息也不正确之际，委托人的"道义经营风险"也相应而生，从自己利益最大化出发，运用信息技术优势侵害了代理商的权益时，即发生了代理问题。也因为消息的不正确以及委托人与代理人双方共同利益冲突产生矛盾的普遍性，使得委托人所遭受道义经营风险屡见不鲜，因此代理问题越来越常见。据此而得，委托代理理论不但具有指导与借鉴作用，而且更具有实际意义。

2. 运作机制

通过代理理论，能够对现代企业管理中出现的问题，形成相应的处理机制。在现代企业中，尽管公司的所有者和公司的经营者相互之间已经形成了合同关系，但是因为股东所有权和管理人员相互之间仍然面临着权益矛盾和消息的不对称，从而造成了股东所有权无法直接观察和评估内部管理人员的能力程度和真实水准或者双方相互之间有着巨大的消息差异，以及对合同均衡点的形成产生了负面影响等。这一问题的处理思路为：一是由公司管理人员自觉地传递信息，二是借助内部管理人员的监督，公司从激励兼容合同关系出发，并通过观察来掌握内部管理人员的消息，使内部管理人员更有动力自觉地公开自己的消息。在现代企业中，为了避免管理人员在事后偷懒、影响企业内部交易行为等职业道德经营风险的重大激励机制设计，通常是在事前和管理人员双方达成一种建立在可观察变量之上的奖惩协议。

（三）代理理论在企业社会责任中的实践

代理理论分析了"委约人"（雇用另一方担任某种管理工作的社会个人或团体）与"委托人"（负责该管理工作的人）相互之间的社会关系。继贝利和米恩斯（1932）提出的开创性研究以后，代理理论常运用于主要公有企业的股东与管理人员相互之间的关系，但也适用于一些代理关系，比如，雇主—员工和供货商—买方（Eisenhardt，1989）。代理理论也解答了"代理提问"，这些问题可以是委派人和代理商间的权益矛盾，或代理商无法有效地监督委派人的活动所形成的，还有如何采取不同的方法解答这些代理商提问。许多学者都提出了代理理论在企业社会责任方面的早期运用。阿特金森和戈拉斯克维奇（Atkinson & Galaskiewicz，1988）实验证明，所有权份额大小和企业慈善行为程度是负相关的：企业 CEO 所拥有股权的比例越高，就越受利益驱使，所以，企业对慈善机构的奉献就越小。与企业内部社会责任有关的调查中，在研究企业所有者与员工相互之间在追求社会责任和环境目标方面的冲突过程中继续运用了上述理论（Barnea & Rubin，2010）。又比如，巴尼亚和鲁宾（2010）对企业社会责任评价与股东关系结构相互之间的关系开展了研究，指出管理者偏向于在企业社会责任中"过多"以获得私人名誉收益，而法尔耶和特拉汉（Faleye & Trahan，2011）则指出，管理者早已采取了对工人更友善的公司政策，以减少企业层面的企业管理过剩问题。代理研究的主要局限，就是其仅仅给出了对企业社会责任的部分理解。如同艾森哈特（Eisenhardt，1989）所言，"代理理论指出了对世界的部分观点，虽然也是合理的，但也忽视了组织复杂性的一大部分"。但言外之意，代理理论也可能最适于以另一个理论角度组合与运用，并给出了不同层次现象及其与其他层次分析间互动的整体途径。

三、企业社会责任内外部驱动因素相关的理论

企业社会责任内外部驱动因素相关的相关理论，如图 2-2 所示。

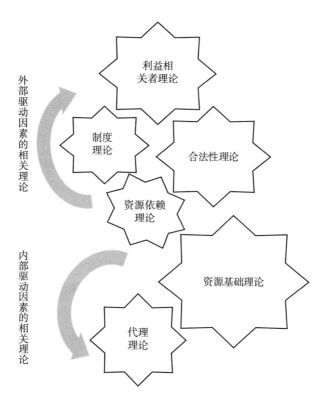

图 2 - 2　企业社会责任内外部驱动因素相关的相关理论

资料来源：根据中国知网数据库整理而得。

第四节　与企业社会责任相关的其他理论

本节围绕与企业社会责任相关的其他理论展开，分别介绍可持续发展理论、三重底线理论、四层金字塔理论和社会契约理论，如图 2 - 3 所示。

一、可持续发展理论

可持续发展理论是指在人类努力解决当代人生活需求的同时，做到不危及后代人的基本生活要求，最后实现并达到社会共同、和谐、平等、高效率和多维性的社会发展。

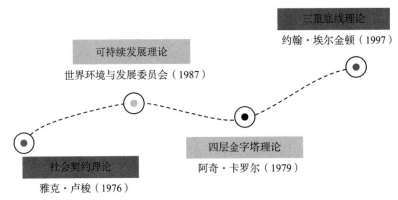

图2-3　与企业社会责任相关的其他理论

资料来源：根据中国知网数据库整理而得。

（一）可持续发展理论的起源与概念

可持续发展理论，是在人们对人类核心主义观念所带来的经济社会、环境问题的不断反省，以及人们对过度工业化问题的警惕基础上，所产生的理论。在以人类核心主义为首的经济观念时代，由于人们普遍相信人类高于一切，是整个宇宙的中心，并拥有改造和征服自然界的神圣权利。所以，人类核心主义又被称为主宰理论。而人类核心主义思想首先可追溯到基督教义，它主张人们对自然界施展自己的自由意志并战胜它。而这种人类高于自然的信仰思想和后来的世俗科学理性主义交织在一起，更加推动了人类核心主义的产生。而人们的生产率也随着蒸汽机和电力的发明而大幅度提高，同时西欧发达国家也进入了工业社会时代。在工业社会里，由于物质主义和享乐主义的流行，人们普遍认为随着科技的发达，人类社会各种资源也将取之无穷、用之不竭。

在工业化发达国家，人们追求高物质水平的生活，非工业化发达国家则将工业化国家已达成的成就视为其经济目标和政治愿望，并用 GDP 规模或人均 GDP，来验证其目标与愿景是否达成。但人类中心主义的观点却由于科学技术进步而日益根深蒂固，导致在工业革命之前，人类为提高物质生存水准，而过分开采和使用自然资源，结果导致了巨大的环保问题，如污染、气候变化、淡水短缺和生物灭绝等。1962 年，美籍女生物学家雷切尔·卡森（Rachel Carson）发表了环保科普书籍《寂静的春天》，描述了随着杀虫剂的广泛应用，鸟类和海洋生态环境正遭受着巨大的危险。该看法激起了公众对于环境发展观念的广泛讨论，也推动了各立法机构和政府监管部门，对公司经营活动中所形成的自然环境外部性加以限制，这一时期生态核心主义思潮出现。生态核心主义主张人和其他生物相比并不高于自然界，都是大自然的一部分，共同构成了生存共同体，所以人类也不可能做到主宰宇宙。值得一提的是，人的存在和发展必须依赖优越的星球自然环境。生态核心主义认为，人类核心主义那种企图把人置于统治地位，而降伏自然力量的观点是一种自我破坏的有害行为。同时，星球自然也不是取之无穷、用之不竭的，人们对各种资源不合理地开拓与利用，也就会造成星球自然生态环境失去平衡，从而破坏生态多样性，进而威胁人类的存在。因此，星球自然环境的承载力也会随着人们工业化程度、人口增长以及对经济社会发展水平的过分要求，而逐步耗竭。这受到了许多研究者的重视，于是他们组建了"罗马俱乐部"，并在 1972 年出版了《增长的极限》，从而引发了公众对地球环境负荷极限问题的重视。该书通过数学模型，预言了 21 世纪：伴随着人类人数的增加和社会经济需求的迅速扩大，各种资源耗竭、污染、生态损害、生物多样性骤减都将不可避免，而唯一的出路就是遏制人们的贪婪本性，以维持国民经济的温和发展或零增长。

《增长的极限》具有浓厚的新生态主义观点，把生态环境和经济社会发展放在了首位，并倡导环境优先与经济优先发展，因而引起了普遍的非议与争议。其实，环境与经济社会发展之间并不一定是非此即彼的矛盾关系，辅以市场机制与政府管理措施，二者才能转变为互相包容的共生关系，由此诞生可持续发展理论。可持续发展战略最早由国际自然自然资源保护联盟

（International Union for Conservation of Nature and Natural Resources，IUCN）在 1980 年提出。全球自然与资源保护联合会企图通过对生物资源的有效保护从而达到可持续发展目标，并不是把生物可持续性同社会和经济问题相结合。真实含义上的可持续发展理论，是由国际自然与自然资源保护联盟所提倡的。因为环保与经济发展问题日益严重，所以联合国政府在 1983 年 12 月设立了世界环境保护与经济发展委员会理事会（World Commissionon Environmentand Development，WCED）。1987 年，由挪威首相格罗哈莱姆·布伦特兰（Gro Harlem Brundtland）为会长的世界环境与发展委员会提交了《我们共同的未来》，标志着可持续发展理论正式出现，并以此为主题对人们一致关注的环境保护和经济发展问题，作出了全面的阐释。在全球范围产生了强烈反应。该报告主要由"一致关注""共享挑战""共同努力"三个部分所构成，把可持续发展理念贯穿其中。作为一次政治决策，WCED 的报告在总体上延续了人类中心主义的观点，重新提出了需求概念，并主张把解决人们尤其是穷人的需求问题视为政府首要的施政目标；同时该报告在局部上也总结了生态中心主义的合理观点，给出了环境保护极限的合理定义，受限于当前科技发展水平和社会组织效率，环境保护无法适应人类当下和未来的需求，因此人们需要转变消费习惯以降低生态环境承载力。而 WCED 则以公平的视角，把可持续经济发展界定为"符合当代人的需要，但又不对后代人满足其需要的能力构成危害的发展"，并得到了广泛的认可和引用。WCED 对可持续发展观念的具体介绍可以大致分为以下十个方面。

（1）可持续发展需要满足人们的基本需求，从而为人们追求更加幸福的生活创造机会，实现人们需求和对美好生活的追求是优先发展的首要目标。

（2）可持续发展倡导把人类消费限制在生态环境可接受范围以内的社会价值观。

（3）经济可持续发展需要增加社会产出潜力并确保公平机会以适应人们需求，经济发展应当遵循可持续发展的基本准则，且不得对他人权利实施剥夺。

（4）可持续发展要求人口发展水平和对日益改变的地球生态环境产出潜能保持均衡。

（5）可持续发展需要控制对资源过量利用而威胁后代人满足其基本需求的活动。

（6）可持续发展要求人类不能损害或支撑地球生活中的所有天然系统，包括大气、水体、土地和海洋生物。

（7）经济可持续增长，要求全球各方确保公平地获得有限的公共资源，并利用技术手段减轻社会资源压力。

（8）为了可持续发展，要合理利用可再生资源回收系统，以避免过量开采和使用，并限制不可再生资源回收系统的发展率，以避免危害子孙及后代的经济发展。

（9）根据可持续发展的要求对植被和动物资源进行保护，以防止生物多样性的下降影响后代人的选择余地。

（10）可持续发展需要使人类活动对空气、水资源和自然环境要素的影响最小，并维护生态系统的整体性。

WCED 的倡议，受到了联合国国际组织、全球投资银行、欧洲等主要国际机构以及广大联盟国家的普遍认同，并形成了可持续发展理论的基础。随着可持续发展理论逐渐变成社会主导，其核心思想包括包容性发展理念，该理念要求人类兼顾社会、经济、环境三者的可持续发展问题。

（二）可持续发展理论在企业社会责任中的实践

企业社会责任对企业可持续发展也具有一定的约束与促进作用，而公司在积极承担企业社会责任的情形下，也能够有效地提升公司本身的社会效果、经济性与环保效果，从而使企业维持可持续性发展。企业社会责任与可持续发展理论是一个密不可分的整体，可持续发展理论在企业中的运用能够促使企业更好地承担社会责任，从而建立和谐健康的企业内部环境，并和谐发展与社会各方的利益关系，从而减少产生妨碍企业发展的社会问题。另外，企业有效地履行好责任，就可以在很大程度上提升企业在社会中的良好形象与信誉，从而赢得社会各方的广泛信赖，进一步增加了企业知名度，并最终为企业创造更大的社会效益与经济效益。同时，企业也要提高企业所有人员的社会责任意识，严格规范企业管理工作，并以此为企业提供可持续发展的人才保障，如图2-4所示。企业社会责任与可持续发展的利益关系相辅相成、密不可分。企业的可持续发展既可以促进企业承担社会责任，而企业承担社会责任的同时又促进了企业取得更大的经济效益，吸引更多的消费者和投资者。

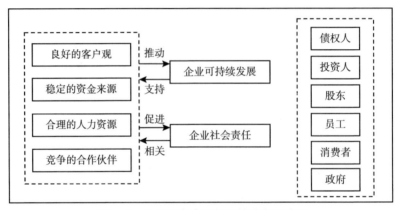

图2-4 企业社会责任与可持续发展关系

资料来源：何艳. 企业社会责任与可持续发展探析［J］. 企业科技与发展，2019（5）：237－238.

可持续发展理论也对企业履行社会责任提出了以下相关要求。

（1）生态环境与经济协调发展要求。市场经济的发达带来了生态环境的严重污染问题，也危及人们经济社会的和谐健康发展。这就对公司的环境管理工作提出了更高的要求，公司必须认真承担社会环保责任，以促进社会天然环境和公司效益的和谐发展。因为工业企业的生产行为极易造成城市大气污染、水体环境污染等问题，严重损害了自然界，而对自然界的污染又会危及人们的正常生活，乃至危害人们赖以生存的家园，所以根据可持续发展经济理论，工业企业必须要高度重视企业环保责任，并及时采取相应的环保举措，以做好企业对自然界的维护。

（2）社会公益发展要求。企业价值的实现直接促进现代企业社会公益性工作的建立和发展。又因为企业是现代企业社会公益性的重要主体，所以企业担负社会公益性工作责任水准的高低也直接关系着企业社会公益性工作的进展。一个管理优秀的企业一定要具有较强的社会责任心，并可以参与社会中的各种公益活动，为国家弱势群体奉献出自身的能力。根据可持续发展理论，企业在担当社会公益性工作责任的同时也为企业本身树立了优秀的社会城市形象，从而获得了更多的利益。在可持续发展理念下，国家对企业所进行的社会公益性作出了相应要求，企业一定要根据自己的利益要求，参与社会公益事业，担当好自己的社会公益责任，并以此促进整个社会和谐稳定地发展。

（3）企业信誉要求。企业社会公信力高是现代企业在社会主义市场经济中应对激烈国际竞争的条件。诚信建设也是现代企业社会文明建设工作的主要内容，任何一个企业如果没有了社会诚信建设，将永远难以实现企业的可持续发展目标。在新发展理念下，现代企业需要高度重视提高技术水平与质量，并针对国际市场用户和合作伙伴的要求，有针对性地制定与完善政策措施，以提高公司在国际竞争市场的国际影响与地位，为公司稳定长期健康发展奠定了坚实的基石。随着公司信誉度的提升可以吸纳更多优质的管理人才，人员引进与培养是公司获得长远稳健发展的关键，同时也是公司迅速发展壮大的核心力量。出色的管理人员在选择公司时，不但会关注公司所给予的各种福利待遇，而且还会观察并分析该公司是否存在进一步发展空间。

二、三重底线理论

三重底线最早是由英国学者约翰·艾尔金顿在 1997 年提出的，他认为企业的社会责任包括三个方面：经济责任、环境责任和社会责任。传统意义上的企业只追求利益最大化，即只注重经济责任，随着时代的进步，企业需要承担的责任更多了，经济责任不再是企业成功的唯一认证标准，越来越多的企业开始注重自身的可持续发展，即开始注重企业的环境责任与社会责任，而不是一味地追求经济责任。

三重底线是企业的立身之本，体现了企业可持续发展的底线思维。可持续发展融入企业发展目标，企业立足三重底线原则进行有效经营管理，以实现经济、环境和社会目标共赢。企业制定实施的战略决策必须重视社会和环境因素，而不仅仅是单纯地看重眼前的经济利益，这才是体现可持续发展的经营战略。企业在发展过程中坚持可持续发展理念，遵循三重底线原则，不仅能为企业带来巨大的竞争优势，同时还能将社会和生态环境问题带来的负面影响降到最低程度，从而实现可持续发展的最终目标。

三重底线，就是指经济底线、环境底线和社会底线，即企业必须履行最基本的经济责任、环境责任和社会责任，如图 2 - 5 所示。

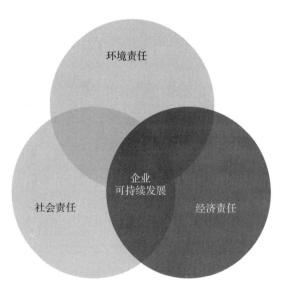

图 2 - 5　三重底线示意

资料来源：根据中国知网数据库整理而得。

（一）经济责任

企业社会责任中最重要的就是让企业健康发展，即如何为社会创造更多价值。成功的企业应该能够为社会解决就业问题、关注员工福利等，并按照法律、法规纳税。不能盈利的企业会给国家和社会增加负担，因此，企业需要找到一种可持续的盈利方式，要找到适合企业自身发展的战略和管理制度。例如，8万名云南省农民在雀巢公司"创造共享价值"的带动下，通过种植咖啡实现了脱贫致富，当地人的生活条件得到了改善，雀巢公司也收获了巨大的利益。1997年以来，广东省东莞市的雀巢咖啡生产厂需要的小粒种咖啡豆已经全部实现国内自产自供，可以全部从云南省直接采购，不仅节约了生产成本，也促进了雀巢咖啡的快速发展。雀巢咖啡采取的企业战略，促使该企业获得更多的利润，提高了原材料供应商的经济效益，也实现了对社会责任的履行。由此可见，企业经营的全部过程，如采购、生产和销售过程中都需要注重企业社会责任的履行，促使企业长久健康地发展是企业履行社会责任的基本目标。

（二）环境责任

近年来，中国经济得到高速发展，与此同时，环境污染、生态退化等问题也日益严峻。在此背景下，企业对环境和社会责任的履行逐渐受到社会各界的关注。作为合格的企业公民，各类企业和厂商都应积极保护自然环境并倡导环保理念，保证自己的产品符合健康、绿色和安全标准，这也符合消费者日渐增强的环境保护意识。1999年，联合国秘书长科菲·安南在瑞士达沃斯世界经济论坛提出关于企业社会责任的相关要求，主要包含劳工、人权和环境等九项。关于环境方面的要求主要是企业应预先考虑到环境问题的产生，主动承担更多的环境责任，并积极推广和发展不会破坏环境的生产技术。企业应对环境和资源的可持续发展和利用方面承担重要的责任，要积极进行技术创新，减少生产和经营过程中的所有环节对环境造成的伤害，不仅可以节约资源、降低能耗以及降低企业成本，还能增强企业竞争力。

一些企业在履行环境责任方面有所欠缺，除了自身问题，主要有以下三点原因。

第一，缺少足够的法律约束力。改革开放以来，中国已在环境立法上取得重大进展，但仍有不足。许多法律、法规的可操作性较差，在实际处理环境破坏的违规案件时，需要很长时间才能执行完法律程序，这时如果违规企业故意拖延时间，案件就更加难以结束。现有法律体系也不利于公众监督和企业排污信息公开，即使出现了受害者，他们也很难通过法律途径维护自己的合法权益。

第二，没有进行严格的环境执法，尤其是在地方上，严重受到政治因素影响。地方官员的仕途都会受到当地生产总值增速的影响，在急于应对政绩考核的情况下，一些地方政府只追求企业的经济利润增长，而忽略其对环境的污染。目前政绩考核体系已经有了较大改进，增加了针对环境保护的内容，但是还不能完全杜绝这种唯经济增长论的现象。政府在考察企业时，不能只看企业的规模和利润增长，还应该重视其是否承担了保护环境的责任，要多出台一些促进企业积极保护环境的政策，并鼓励企业自愿并切实地履行社会责任。

第三，缺少环境保护的公众参与。许多民间环境保护组织开始通过新闻发布会等方式公布企业在保护环境方面的表现，公开其污染环境的数据，但是这些组织很难获取较多的企业保护环境的信息，这些行为很难真正影响到企业履行社会责任的过程。

（三）社会责任

企业要更加重视企业内外部人文环境的建立。在企业内部，要考虑到员工福利、企业文化的建设和传播，并在管理过程中做到以人为本，采用人性化的管理模式；在企业外部，要关注消费者、供应商、政府等社会大众的利益，与他们建立良好的互动关系。

积极参加社会公益活动既可以履行企业社会责任，也可以帮助企业建立良好的企业形象。例如，联想集团在核心业务发展的过程中加入了公益事业，在行业和社会中形成了优质的企业形象。联想集团作为联合国全球契约的缔约方和成员，始终将公司战略与全球契约保持一致，坚持"科技引领PC＋时代"的理念，高度关注员工、消费者、供应商、合作伙伴和社会环境的利益，通过实践"六为"战略履行其社会责任。2007年，联想公益创投为一个中国农村信息网络工程项目提供资金支持，向偏远的农村地区进行电脑的推广和普及。虽然该项目当时并没有立刻为联想集团带来显著的经济利益，但2009年国家开始推行家电下乡计划时，在农村电脑市场，联想集团已经拥有了超过40％的份额，表明社会责任的履行可以为企业建立口碑、提升知名度并开拓市场，可以看作一项特殊的"长期战略投资"。在此之后，联想集团举办了青年公益创业大赛，一个月就收到了10469份公益创业计划书，网站报名的点击数也突破500万人次。2014年，联想集团还通过"公益创投"开拓教育领域，将公益事业、教育与企业专业相结合，通过征集项目并进行评比来鼓励偏远地区尝试教育信息化，利用教育结合信息技术的模式开展远程教育，为偏远地区弥补匮乏的教育资源，缩短其与发达地区教育水平的巨大差距。

近年来，联想集团尤其重视品牌"年轻化"的建设，借助实现年轻人的公益梦，来发展更多、更广泛的公益事业，提升了集团在年轻消费者群体中的企业形象，实现了多重目标。在企业内部，联想集团员工的义务工时被等同于工作，企业尽力将公益事业做到亲力亲为，让企业优势与公益事业发展有机结合。

三、四层金字塔理论

企业社会责任金字塔由卡罗尔于1979年提出，他把企业社会责任看作一个结构成分，关系到企业与社会关系的四个不同层面，即"企业社会包含了在特定时期内，社会对经济组织经济上的、法律上的、伦理上的和慈善上的期望"。

（一）四层金字塔的概念

卡罗尔教授作为在企业社会责任领域中最具有名望的研究者之一，对企业社会责任展开了长达二十余年的深入研究。卡罗尔教授在1997年首次对公司的社会责任作出了总结，构成了企业社会责任的四大类型：经济责任、法律责任、伦理学责任和公益社会责任；构成了从最底层是经济责任，接着是法律责任、伦理责任，最高处是公益社会责任的基本次序，如图2-6所示。这种基本次序的主要目的就是明确企业社会责任的发展顺序，在公司历史发展中，社会上先是重视公司对股东的经营责任，继而重视公司的法律责任，最后才重视公司的伦理责任和慈善责任。所以公司将一切的社会责任，都可以划归到这四种责任范围上来。

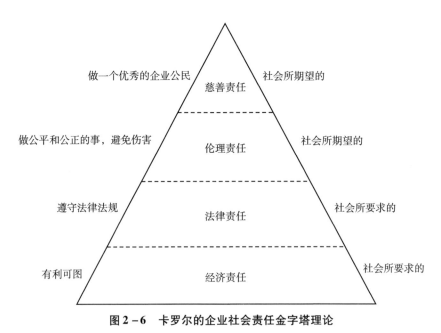

图2-6 卡罗尔的企业社会责任金字塔理论

资料来源：Carroll A B. Carroll's pyramid of CSR: taking another look [J]. *International Journal of Corporate Social Responsibility*, 2016, 1（1）: 1-8.

　　企业社会责任金字塔以经济责任为基础。经济维度是指公司活动要建立在盈利的基础上，它以社会所需要的公平价格提供商品和服务，从而获得合理的利润，以维持自身生存。根据卡罗尔（1991）的观点，经济责任是实现最大化每股收益，保持强大的竞争地位和高水平的运营效率。经济成就对公司保持市场的可持续性非常重要，但这并不是唯一的责任。虽然该业务预计将实现盈利，但他们必须确保自己的业务符合联邦、州和地方政府的法律要求。仅次于经济维度的下一个最重要的维度是法律维度。卡罗尔（1991）强调，企业必须以符合政府和法律期望的方式行事，成为一个守法的公司公民，并将一家成功的公司定义为履行其法律义务的公司。接下来，企业必须确保他们的行动和交易是合乎伦理地进行的。虽然伦理责任可能不会被编码成法律，但企业仍然必须以伦理方式运作，从而避免被社会禁止的行动。社会期望企业有伦理的行为和态度，尤其涉及消费者、员工、利益相关者和期望企业、利益相关者尊重其权利的社区。伦理责任是对企业而言最难处理的类别，因为不同的社会可能对什么是道德规则有不同的定义。卡罗尔（1991）解释说，公司必须符合社会规范和道德规范的期望，承认和尊重社会采用的新的或不断发展的道德规范，防止企业为了实现目标并将良好的公司公民定义为做道德或道德上期望的事情。最后，作为一个优秀的企业公民，企业将其对社会的财政和人力资源作为其慈善责任的一部分，如进行扶贫济困、赞助社会公益项目等。这些活动受到社会的高度赞赏，但若企业不提供，他们也并不认为企业是不道德的。此外，慈善责任在本质上是自愿的，并不是法律所要求的。一般来说，卡罗尔（1991）建议，公司的表现符合社会的慈善和慈善期望，鼓励员工和经理自愿参与当地社区的慈善活动，能够提高社区生活质量。但近年来，有学者对企业社会责任四层金字塔的顺序提出新的见解，建立了一个更强大有效的金字塔，其由下到上的顺序为伦理责任、法律责任、经济责任，最后是慈善责任（Denise Baden，2016）。

（二）四层金字塔中四种责任的具体描述

1. 经济责任

作为基本的经济单位，企业通过提供产品和服务获取利润，其主要目的就是实现利润最大化，这是企业生存和发展的动力。因此，企业的经济责任是企业社会责任中最为基础，也是最核心的内容，主要包含了净利润和销售收入等指标。若社会责任没有经济责任作为基础，企业社会责任就只能成为空谈。经济责任是判断企业社会责任履行好坏的基本标准。因此，若一个企业未能很好地实现其经济性，即便将其他维度的责任都履行了，也只能"舍本逐末"。

2. 法律责任

经济责任虽然不可或缺，但是并不是企业唯一的社会责任。作为社会的组成部分，企业内生于社会，社会为企业生产提供资源，赋予企业提供产品和服务的权利，但是也同样制定了相应的法律、法规需要企业自觉遵守，企业应该在法律、法规允许的范围内实现经济增长。因此，企业必须要承担法律责任。

3. 伦理责任

伦理责任是指企业应该在伦理道德方面承担的责任，其核心理念在于企业行为及观念应该是有利于社会进步的，主要包含了三个层次：人本伦理责任、公共伦理责任和生态伦理责任。

第一，人本伦理责任是指企业应该关心人权，做到以人为本，要始终坚持和尊重员工，从而在企业内部形成良好的伦理氛围。具体实施可以分为四点：首先，要不断地提升员工的工资水平，保障其福利和就业稳定；其次，要尽力为员工创造良好的工作环境，使员工的身心健康得到保障；再次，要建设形成良好的企业文化，使企业内部形成平等、公正、尊重、友好、合作和积极参与各种活动的伦理氛围；最后，企业应该关注员工的职业发展和自身成长，从而促进员工和企业的共同发展。

第二，公共伦理责任。公共伦理责任是指企业在处理与外部利益相关者的关系时，应该要秉持公开、公平、合理、诚信和尊重的原则。首先，要保障为消费者提供的产品或服务的质量，确保产品和服务的安全性、价格合理并且品质优良；其次，要与市场竞争者和其他利益相关者保持公开、公平、合法的竞争关系，形成良好的公共关系和正常的交易秩序；再次，要进行合法纳税，遵守政府出台的有关法律、法规，并承担政府规定的有关责任；最后，要积极参与社会慈善和公益活动，从而为营造良好的社会环境贡献一份力量。

第三，生态伦理责任要求企业应该做到尊重自然，积极地进行环境保护、降低能耗以及减少资源浪费，进行技术创新开发绿色产品以实现绿色营销，促使企业和社会经济的可持续发展，主要可以从以下几个方面着手：首先，企业要积极地改进生产技术、工艺和生产方式，采取资源节约战略，尽量使用清洁和可再生能源；其次，要尽量减少污染的产生和排放，积极承担环境责任，进行环境保护；最后，要努力向社会提供更多的绿色产品，开发有利于环境保护的产品和服务。

伦理责任更关注相应的标准和规范，以保障员工、消费者、股东、所在社区的利益与环境。这些道德要求都早于法律、法规的产生。例如，保障消费者权益和保护环境的社会期望都早于消费者保护和环境保护等法律的出现。伦理责任是指那些还未形成相应法律而具有社会期望的责任，是社会公众希望企业能够遵守的潜在规则。没有法律的制约，企业需要主动地遵守这些规范。但由于缺少法律条文，使企业很难判定承担伦理责任的标准，在具体实现上缺少一定的指导。伦理责任会对法律责任产生较大的影响，许多伦理运动会促使法律条文的产生，说明伦理责任可以促进法律责任的发展。

4. 慈善责任

慈善责任的范畴相当宽泛，它包括了为成就一名杰出企业公民所需要开展的各种社会活动，而且通常这种社会活动都是由公司资源所承担并能够自由选择的，比如公司对社会发展的捐赠以及对文化教育和艺术事业发展所进行的资金支持。慈善责任并不在伦理责任的范畴之内，因此就算公司不开展慈善公益活动也不能被看作没有履行伦理规范。公益责任虽然已经被社会大众所关注与向往，但在某种程度上，并没有前三种责任那么重要。因此，企业应该在履行其他三种责任的基础上量力而行。不可否认的是，很多企业非常热衷于慈善活动，但是却忽略了其他三种比较基础的责任，出现"本末倒置"的现象。有些企业常年处于亏损状态，连最基本的经济责任都不能很好地担负，这时进行慈善投资，很可能是一项感情公关的投资。如果对这样的企业"坐视不理"，甚至是加以奖励，那么企业都会选择做慈善敷衍了事，然后将其他社会责任抛诸脑后。

经济、法律、伦理和慈善这四种责任是企业社会责任的不同层面，其中最重要的是经济责任，它是履行其他社会责任的基础；法律责任的重要性次之，法律、法规对企业的约束具有强制性，是企业必须履行的责任；而伦理和慈善责任的重要性比前两者要低，属于对企业的柔性激励，是否履行这两个层面的社会责任取决于企业自身。

总而言之，企业履行社会责任应尽可能地全面，同时，企业也应该在衡量自身能力的前提下量力而行。

四、社会契约理论

社会契约理论是指社会希望企业行为可以遵循社会制度中所包含的一些权利和义务，而这些权利和义务可以看作企业与社会之间的契约。

（一）社会契约论的概念

社会契约论倡导国家并不仅仅由神权所带来，而是人类作出的理性抉择。人为获得自由与至善，必须相互签订合作协议，交出自己的个人权利，并接受各国的公共权利，以谋求社会平等和福祉。在西方，社会契约论思想的发展与演变有两千多年历程。追本溯源,人类社会契约论思潮的最初发端于希腊智者时期,而伊壁鸠鲁(Epicurus)就是当中的主要象征。身为德谟克利特原子论的忠诚继承者,他相信一切事情的产生都是由分子之间经过彼此排斥和冲突运动而产生无序冲突的后果,由于每个人的本性都是自私的,都只关心个别的利益实现,因此必然地形成人与人之间的矛盾关系,要想过上幸福而安全的生活,唯一的途径便是要像分子之间那样利用冲突和排斥运动来调整人们相互之间的社会关系。即以签订国际社会合同的方法组织国家。

伊壁鸠鲁利用分子之间隐喻所提倡的与个别订立社会合约成为国家的思想,对近代启蒙式主义哲学家的建立社会契约论影响深远。而近代社会契约论诞生的基石则是自然法学说。从广义上来说,现代自然法是由万物的共同本质所衍生起来的必然关系。而人作为自然实体,是如同其他物质一样,被法则所支配,也就是现代自然法。它之所以成为现代自然法,是因为它是唯一可以由我们的自然存在结构中衍生出的。要很好地认识现代自然法,就需要观察一个人在人类社会形成以前的生活状况。

自然法理论原则被认为是调节统治阶级和被统治者之间相互关系的基本准则,它也是后来制定成现代文法理论的基石。因为任何近代的社会契约学说,都是通过诉诸某种自然状态和自然法原则,来确定个人主体所拥有的各种自然权利,也正是通过这些主体对自然权利的转让才能使政治权利得到进一步巩固。欧洲中世纪宗教信仰盛行,社会自然法理论和基督教义紧紧纠缠,而社会自然规律也就顺理成章成为上帝的法则。15世纪在欧美掀起了文艺复兴运动,唤起了人的主观意志,高扬人性、人权,让束缚人思维与行为近千年的神权王朝摇摇欲坠。到了近代,由于西方威信的衰落以及自然学科的蓬勃发展,对大自然法理论的阐释视角也出现了根本性变化,由神的天然启示转化为基于人类意志的天然本能法则。荷兰知名法理学家雨果·格劳秀斯(Hugo Grotius)被人誉为古代的自然法之父,而他又是近代社会契约论思潮的主要奠基人。格劳秀斯的天然法依据的并非神格,乃是人的道德理性与人类社会本质。以天然法理论为基石，格劳秀斯还提出了社会契约理论。他还指出，人们虽然早期处在一个自由状态，但是，因为人先天上是群居的，所以社交性质驱使着个人签订合同、组建国家等。他还对社交性质作出了解释："在人所独有的特质中有一个要求社交的强烈欲望，即要过社交生活的强烈欲望——但这并不仅仅指任何一种生活，只是指根据他的能力标准跟一个和他自己相同类型的人过平等而有组织的社交生活。"在自然状况里的人类都过着相对平等、分散与独立的生活方式，而私有财产的存在也不可避免地使人类相互间发生利益争端，人们为了维护整个社会的平等与有序，就必须具有一些最低限制的生活要求，所以在政治理性的影响下，随着人类订立契约、建立国家，这些生活方式开始突破了原始的自然状况，而成为有组织的社会生活。自然法基础理论和契约论密切相通、密不可分。自然法理论提出了一个富有普遍意义的指导原则，而社会契约理论正是把该原则付诸实践。也可以说，格劳秀斯及其理论学说给近代启蒙时期的哲学家提供了一个最基本的社会契约理论的研究模型，而此后的启蒙哲学家都不满足于把国家视为自己的存在物，他们都力图深入国家内部寻找其形成的本源，并探索构成国家的人的本质问题，由此使社会契约思想带有了更多的个性化色彩。

1. 霍布斯（Thomas Hobbes）的社会契约论

近代启蒙主义哲学家一般都把个人生存的自然状况视为社会契约论的理论预设，英格兰的霍布斯主义（Hobbesianism）也不例外。可以说，霍布斯开创了近代以来社会契约论思想发展的黄金时期，他的社会契约论思想主要反映在其著作《论公民》《利维坦》的内容当中。所谓自然状况，也就是由抽象而固定的人格状况开始，设想在人民走向政治制度社会生活以前，要和自然物那样受广泛的自然规律支配，而不是人类社会所允许的自己权力产生。霍布斯也首先假设了一种"自然状态"，而且以"自然人"当作其社会契约论思考的出发点。正如所有大自然的动物和植物那样，人也依着自己本性而独自生存。因此自然人就是一个自由物体，并完全遵循着自然法规律。

具体到人的本质上，便是"趋利避害"的自由本性。而霍布斯则受马基雅维里（Machiavelli）的影响，认为所有人的自由本质是恶的，都是自私自利和残忍好斗的。在自然状况下，每个人都能够与自身的权益斗争，每个人都有根据自身所意愿的方法利用自身的能力维护自身的权益，这种自我维护是人的天性。人为保护各自的权益，从一开始就进入了"人对人"的战斗状况。用霍布斯的话来描述就是："当缺少了一种共同权力让大家慑服的时刻，人民便进入了所谓的战斗状况之下。"对于引发战争的心理因素，霍布斯指出，大致有三类，即争夺、猜疑与荣誉。因此，社会契约在人对平等、自保的基本追求中，经过理性协商而形成。

霍布斯主张通过契约理论来设想人类共同交出自身的权利，并获得平等的生活状态。正如先前的哲学家那样，虽然霍布斯的社会契约理论中也继承了传统自然法理论的很多观点，比如认为，"自然法是永恒不变的"，但是霍布斯无疑不是拘泥于传统自然法理论思维，而是做出了大胆的改革与革新。身为近代法政思想哲学奠基人的霍布斯，其理论比其他人的理论都更生动清晰地反映了近代自然法律的精神及其全部的实质内涵。霍布斯不像传统理论一样，从自然原则开始，而从天然"权利"开始，即从一种绝对的无可非议的主体请求开始；而这个主体请求又根本不取决于存在的法律、社会秩序或义务，因为它本来便是一切的法律、社会秩序或义务的源头。霍布斯的政治哲学通过把这些当作道德准则和政治学基本原则的权利观点。霍布斯社会契约论思维的主体概念并不仅是"自然法"，而且"自然权利"。整个自然法传统也在霍布斯这里面开始发生破裂。对个人权利的拥护，使霍布斯变成了个人主义的代言人。有研究者认为，霍布斯含义上的人，由其本质而定，是个一意孤行的、反社会性的生命体，他加入人际关系单纯是出于自私的目的。

2. 洛克（John Locke）的社会契约论

在整个 17 世纪的政治思潮领域中，英国洛克的权利主义思想也广为流传。一般认为，由于近代自由主义政治哲学最先由洛克明确提出，因此洛克的社会契约理论也更强烈地体现现代自由主义的政治色彩。他吸取了霍布斯的个人主义，把现代自然法规定为个性的天赋权力，政府也就是为保障个性权力而产生的。在洛克与霍布斯中间，还有着很多分歧。洛克社会契约说中所倡导的自然状况，并不仅仅是指人与人之间可怕的斗争状况，更是指和平的、自然的人类社会状态，人类的自然本性并不是自我保护，只是相互合作的。而平等权利，则使每个人都拥有自由生命与追求幸福的趋向，过着一种和平安定的生活。洛克指出，在所有自然状态中只有一个为人类社会所应该遵守的，因此自然法则学说对理性社会起了支配作用；而道德理性，也就是自由法则理论，指导着有益遵循道德理性的全人类；人类社会是公正与自然的，因此任何人都无权损害其他人的生命、身体、权利或财富。在洛克眼中，自由状态下的人并不仅是自然人，同样还是社会人。人与人之间，除了基本的自然性的权益关系维护之外，还产生了人们彼此间相互尊重的义务关系，也因此使人能够减轻因为权益纠葛而导致的战乱情况。

3. 卢梭（Jean – Jacques Rousseau）的社会契约论

卢梭是在法国启蒙运动精神的陶冶下发展起来的哲学家，他的现代社会契约说思潮主要体现于1762年出版的名作《社会契约论》中。与格劳秀斯的理论侧重点不同，卢梭的《社会契约论》研究的是权力与道德哲学理性，而格劳秀斯是凭实际来确立权力，这一点从《社会契约论》的副题词"政治权力的基本原理"中即可想见。卢梭的政治学思维理念也对1789年开始的法国大革命产生了催化和推进效果。

卢梭的社会契约论模式，也就同时悬设着一种"天然状况"。他相信，生命本来便是天然、公正的，在步入人类社会生活状态以前，所有人都处在公平的天然状况。这种自然状态最贴近于人的天然本质，而自然状态中的人最根本的特点便是"自我保存"。因为"人们最原初的思想感情便对自身存在的思想感情；最原初的关心便是对自我保存的关心"。因此，卢梭的人类社会契约论和霍布斯有很大差异。霍布斯认为处在自由状态中的人都是孤独的个人，他是自私的，只是关心于自身的利益。人对人的战争，在自然状况下是一种严峻的战争状态。唯有在基于理性而意识到，自然状况中的人与人之间无法调和的对立冲突之际，双方才能为了达到安全保障，而签订社会协议。在卢梭眼中，人并不是像霍布斯所比喻的那样一定的利己和自私，人在天然状态里也存在着某种天然思想和心理精神情感，即人们除由于自身保存的"自爱"心理精神情感以外，还具备对同类的怜悯之心："自同情心是一种天然的思想和心理精神情感，正是因为它调动了每一种人自爱心的活动，从而对人性全体的相互保护起了协助作用。正是因为这些人生情感，在自然界状况中同时代表了法制、习俗与美德。"应该说，在卢梭眼中的自然界人都拥有着丰富的情感层次，即既重视自己的平安与快乐，同时又给共同体其他成员以关怀与帮助，所有的人都互助相爱，共同寻求社会利益的最大化，而这样和谐幸福的自然界状况也被卢梭称为人性的黄金时代。但是，由于新知识与科学技术的进一步发展，使得人们从野蛮状况逐渐向文明社会转变。在文明逐渐代替野蛮的过程中，人们渐渐形成了私人观念。而私有制的诞生也终于破坏了人与自然状况的和谐完美，由于贫富差距大、分配不均、人的无节制的追求、强权抢夺和利益斗争，导致了霍布斯所描述的战争状态必然降临。必须指出，卢梭对人类社会的文明进步发展仍然保持着基本的肯定态度。不过，这些社会进步产生的结果，在卢梭眼中，具有相当程度的消极成分，他们主要是因为人们在政治上与经济地位的不公正。

卢梭主张生命的自由、公平才是天赋权利。在大自然状态中，人的自由意志得以全面发挥，但是个人却无法战胜大自然的阻力与障碍，人要是不能转变生存方式，也就根本无法生活。靠个人的意志能力就无法对抗大自然，所以人与人之间唯有统一起来，相互合作，方可对抗大自然。因此，卢梭主张人们必须找到一种新融合形式，它用全部人类共同的能力来保卫并维护各个融合者的身体与遗产，而他们虽与众人融合，但也只能通过在别人身上得到"自身所丢失的任何事物的等价物或者更大的能力来保护自身的全部"。这也正是现代社会契约所要解答的基本问题。社会制度的基本目的，是形成共同体，实现统一，并在统一中保证每个人的权利。如此，人便舍弃了自然的权利，而选择了合同的权利。基于理性的选择，人类可以交出自身的权利，并通过签订协议，以国家权利来化解相互之间的矛盾。而对于个人权利的"转让"问题，卢梭对格劳秀斯的"奉送"个人权利观念提起了争议。他指出，人不可以无条件奉送自己的权利，这是不合法和无效的。尤其看到格劳秀斯主张每一个国度的所有民众，都必须转让自身的权利自由时，卢梭就更加直白地表达了自己的愤怒，提出该看法无异于毁灭了自己，是荒唐和不可思议的。

将个人的天赋权利转移给共同体，它的要求是：共同体应当遵循全体民众的共同意愿。公意（公共意志）思想在卢梭的社会政治学学说中具有十分重要的作用，而社会契约理论、主权学说也均与此有关。卢梭指出，人类制定社会契约的根本目的就是公意。所谓联合意愿，就是一切个人意愿的总和，人类向往的就是社会共同利益。这种集体公意的起源，是由签订社会合同的人所作出的约定："我们每个人，都将其自己以及所有的社会力量一同放在集体公意的最高指引下，同时也在共同体中接受每一位成员并视为集体之内不可分割的一员。"这是卢梭对社会契约理论的最精练的总结。社会契约者拥有巨大的能力，对个人的经济活动加以管理与制约。它的合法性就在于表达了公共意愿。但是一个随之而来的问题迅速走进人们的思想范围，即一旦某人触犯合约或拒不执行合约的规定，社会又将采用何种对策呢？卢梭认为："所有人拒不遵守公共意愿，全体就强迫他们遵守公意。这恰恰就是说，人民要让他们自由，因为这既是让每一位民众都属于有自己的国度从而保护他们免受任何人身依附的必要条件，同时又是让政治治理能够灵活运作的必要条件。"

通过公意概念，卢梭在西方政治学思潮史上首次全面地阐明了人民主权的理论。国家的权力归于民众，唯有民众才是国家真正的主宰，该理念可以被认为是卢梭政治学思维的最宝贵之处。同时为体现公意，卢梭还更加严谨地划分了公意与众意的范畴。公意关注全体个人意愿的公共性、统一性以及共同的利益，而众意则关注所有个人意愿的集合。国家的权力就必须符合公民意愿，在这样的社会共同体，民众才能够遵守，而公民遵守社会共同体其实就是按照自己的理性，所以公民意志也就是按照个人的理性原则而建立的。如果每个人都遵循公民意愿做事，就维护了个人的权益。卢梭反复强调，自由主义就是按照自己的理性办事。我国的政府首要职责就是行使公意，所以必须具有一种"广泛的强制的能力"，而"权利"也正是这样一种强力的统治权力，所以卢梭主张，在民主国度中，权利就应该归于全体民众，人民主权要体现在"立法权"上。国家立法权应该授予全部民众，而通过全部民众的直接选举所通过的最能体现公民意志，也最有效力。他对孟德斯鸠和洛克所倡导的"三权分立"思潮进行了批判。卢梭指出，执行权才是最重要的起支配作用的权利，而行政权、司法权则不需要完全独立性。很明显，卢梭的这些观点带有理想主义的色彩。行政权、司法权都具备执行功能，如不能独立，可能在具体的实施过程中就很难促进或规定法律的有效执行。同时，如果只片面地重视执行权，也会必然地造成了权力的专断，从而缺少监督制衡。

（二）社会契约理论在企业社会责任中的实践

17 世纪以来，社会契约理论作为一种社会学说对西方国家产生了重要的影响，契约经济的文化传统和发展、西方国家的社会变革等都对社会契约理论的形成和发展产生了深远的影响。典型的社会契约主要具备两个特点：平等性和自由性。其中，平等性是契约缔结的前提，它是指缔结条约的双方均达成一个共识，即社会契约的缔成是有助于自身发展的，这也为双方缔约提供了动力；自由性是指缔约人可以自由地选择是否缔结条约、与谁缔结条约以及以何种方式缔结条约等。

1. 企业的社会契约理论

随着经济的发展、社会的进步，相对于典型社会契约理论而言，企业社会契约理论应用更为广泛。唐纳森和邓菲（Donaldson & Dunfee，1994）认为：在社会和企业之间，存在着这样一个契约，企业和社会应该为彼此的发展进步承担责任。概括来说，企业社会契约主要具有以下三个特点。

（1）社会契约中的缔约双方是指社会和企业，这两个主体不要求利益一致，可以有冲突也可以分开，但是两者之间的冲突不是无法化解的，而是可以通过一定的协调途径来解决的，最终使两者之间达成契约。

（2）基于社会和企业两者之间关系的特点，企业社会契约是企业和社会达成的一致意见，它融入社会的道德和法律体系中。

（3）企业和社会二者之间的关系并非一成不变的，契约理论也是在不断发展变化的。

传统的企业社会契约理论认为企业提供产品、服务是以经济利润最大化为目标，有助于推动经济发展。而发展的社会契约理论观点则认为企业对于利润最大化的追求并不会直接促进社会的进步，恰恰与之相反，很有可能会产生各种社会问题，如工作环境的恶化、生态平衡被破坏以及不平等地对待社会中某特定群体。所以，为了经济的发展和社会的改善，企业应该承担相应的责任。

2. 综合的社会契约理论

随着经济一体化程度的加深，能够在全球范围内适用的社会契约理论得到快速的发展。托马斯·邓迪（Thomas Dunde）和托马斯·唐纳森为此分析和探索了社会契约理论的革新，他们把中国传统的社会契约理论与现代的社会契约理论相结合，构成了全新的综合社会契约理论。全球的经济交往中存在一个广泛的社会契约关系，它主要有以下两种表现方法：一是微观意义上或者现有的社会契约，微观的社会契约是一种在经济共同体内所实际产生的社会契约的表现，它是一种存在于企业、行业等彼此之间或者组织内部的现存的、真实的协议；二是宏观意义上或者假设的社会契约，与微观的社会契约相比，宏观的社会契约是一个经济共同体内理性成员所做的不真实存在的广泛的协议，契约设立的目的在于可以作为社会的相互作用的参考标准。以上两种结合起来就是综合的社会契约理论，它的好处在于结合了二者的优点，既可以和宏观契约理论一样综合考虑行业、企业的现存协议，避免与传统道德理论联系在一起导致模糊不清，又可以和微观契约理论一样适用于现有的道德规范，从而避免相对主义。总而言之，综合社会契约论将理想与现实、宏观与微观结合起来，是一种更为广义的社会契约理论。

第三章 企业社会责任标准概述

第一节 企业社会责任标准内涵

一、企业社会责任标准的概念

企业社会责任标准的概念目前尚未统一，具有代表性的概念是：企业社会责任标准特指公司管理主体，在各类复杂性的经营活动中，根据公司活动所牵涉社会范畴中形成的因素及结果，而产生的社会共识并建立在这种基础上的规范。该概念也点明了社会责任标准实际是一个规制。而作为社会责任范畴的管理，企业社会责任标准也是一种蕴含针对社会各种利益相关者责任的管理规范制度，有 ISO 9000 质量管理体系、ISO 14000 环境保护管理体系等单项标准；还有综合性企业社会责任标准，包括国际公司生产准则、ISO 26000 社会责任指南、SA 8000 认证社会责任标准等。

确定企业社会责任准则是企业评价履责水平的关键点，同时也是与利益相关者利益博弈的聚焦点，所以探究其产生原因与流程是社会责任准则问题的关键起点。作为企业管理体系的重要组成部分，企业社会责任标准是指导与评估企业社会责任实施的关键工具，体现了社会与经济发展的要求。20

世纪末，由于国际现代社会责任运动的开展，各类企业社会责任标准应势出炉，并作为公司竞争力的核心性评价指标体系，有关学术研究也随即跟进。21 世纪初期，SA 8000 的认证标准已被广泛视为社会责任准则的代名词，于是很多研究者使用 SA 8000 认证标准来探究社会责任准则的形成问题。因此，黎友焕和魏升民（2012）从中国市场经济国际化的大背景入手，认为 SA 8000 标准是全球市场上国际竞争格局严重失衡的必然产物，而中国企业社会责任运动催生了 SA 8000。同时少数专家与学者也开始重视 ISO 26000，认为 ISO 26000 是由利益相关者主导建立并稳定协调各自冲突的关键国际标准。综上可见，有关企业社会责任国际标准建立的研究成果已经逐渐出现。同时研究者也试图从企业利益相关者的视角解释企业社会责任国际标准的建立问题，这在一定程度上说明了企业对推动承担社会责任的直接约束力。但其局限仍存在：第一，将 SA 8000 直接来代替企业社会责任标准，不具普适性；第二，只从全球社会责任运动层次解析其根源，较少从微观视角深入研究剖析，无法说明其实现主体的内驱力；第三，并没有阐明其产生机制，以利益相关者为研究基点的综合社会契约理论，才是对该问题探究的新视角。

二、企业社会责任标准构建的必要性

现代企业的社会责任，可以分为三个层面：一是对经济负责，为公司创造最大利益，力求做大做强；二是对群体利益负责，即公司要对雇员、消费者、供货商、竞争对手、地方政府以及其他相关利益者负责，充分考虑其相关的权益不受损害并得到尊重；三是对环保负责，公司要通过努力提高环保资源利用率，减少有害物质对空气的污染，并对所在区域的现在与未来发展负责。在这三个层面的社会责任中，经济责任是基石，而另外两个层面的社会责任则要有足够的国家财政资源作为保证，才能得到完全落实。所以企业要想承担好社会责任，就一定要做好经营管理工作，构建严谨的企业社会责任标准。

构建企业社会责任标准具有以下必要性。

1. 有利于促进公司建立以人为本的经营思想，提高对职工利益的保障

建立企业社会责任标准，既反映了企业经营的核心宗旨，也适应了当今的时代潮流。从实质上来看，企业以身作则、低碳经营、资源节约和环境友好的基本思想与企业社会责任的内容是完全相同的。但是，通过把抽象化的企业道德和精神进行指标化管理，能够进一步完善对职工的激励，维护职工的利益并且激发职工工作积极性。

2. 有利于增强中小型企业竞争优势

在经济结构调整、制造业水平提升的大背景下，如何更从容地融汇到全球企业社会责任的潮流中，已经成为摆在中国企业尤其是出口企业眼前无法避免的重大挑战。建立企业社会责任标准能够满足跨国公司对中国企业的劳工权益、卫生和安全以及商业道德等方面都能够遵循相应的行为准则的要求，减轻国际跨国公司施加给中国厂商的压力，再退一步说，即便没有遭遇全球公司社会标准认证体系的实质性打击，但中国的低廉劳工成本优势也难以持续维持。尽管公司内部使用廉价劳动力能够获取比较利益，但仅靠低廉劳动力成本优势的公司也将面临"比较优势陷阱"，从而无法取得持久的竞争优势。

3. 有利于企业社会责任的归位

从三聚氰胺奶粉、苏丹红鸭蛋，到洗染馒头、地沟油，一系列食品安全问题严重损害了我国企业形象，也影响了我国企业"走出去"的脚步。究其原因，与某些地方政府部门的监督工作失位，更与企业对社会责任缺乏统筹规范相关。因此建立一套系统、适用、权威的企业社会责任标准十分重要，其能将分散于《企业法》《产品质量法》等法律、规章之中的企业社会责任条款进行系统归类，有利于端正政府工作的作风，避免企业的社会责任缺乏，从而做到企业社会责任的归位。

第二节　企业社会责任标准缘起

一、国际企业社会责任标准的起源

20 世纪中后期以来，随着经济全球化的发展，人类面临生态环境恶化、贫富差距加大、可持续发展等问题的严峻挑战。人类社会逐渐意识到，公司在对所有者负责、追求最大盈利目标的同时，也必须对所有利益关系方负责，对全人类和子孙后代负责，为了谋求经济可持续发展，企业社会责任也越来越受到人类的重视。不同力量从各自的视角、观念、立场出发，积极倡议并推进企业社会责任。与此同时，大型跨国企业、市民组织和相关的国际机构也开始提出了多个社会责任规范，内容涵盖了与企业社会责任相关的规定、倡议、规范、管理体系等。目前，与企业相关的责任规范已有四百多种，这些规范将企业社会责任系统化，形成了可操作量化的具体指标，社会责任标准也越来越成为促进企业落实社会责任的关键工具与管理手段。

目前全球关于企业社会责任标准的归纳包括三大类：跨国企业制订的生产活动准则、民间组织颁布的准则以及相关国际机构颁布的全球社会责任准则，具体包括以下内容。

（一）跨国公司的生产守则

企业社会责任标准最初起源于跨国公司的内部生产守则。由于社会各界对企业社会责任问题的重视，以及考虑到社会越来越大的经济压力和企业的发展需求，跨国公司开始建立对社会利益作出必要承诺的责任准则体系，并采用了环保、职业卫生、社会责任认证适应社会各种利益群体的需求。跨国公司不仅自身遵循相应的社会责任准则,并且通过供应链体系,要求其供应商和合约工厂必须遵守一定的生产守则,从而推动上下游企业承担社会责任。目前大多跨国公司以产品安全、职业卫生、环境以及雇员权利保护等为主要内容自行编写内部企业社会责任准则。从大多数企业准则内容来看,通常是根据其国内法、国际产业标准以及全球承认的核心劳工标准编写的,重点是承诺履行企业社会责任、严格遵守投资所在国的有关规定、保障劳动者权利、提高劳工报酬等。

从约束力来看,跨国公司的生产行为准则往往只能局限于跨国公司内部,最多可以在供应链范围发挥作用。但由于不同的跨国公司其行为准则也不尽相同,相互之间没有通用性,一个同时处于多个跨国公司供应链体系的企业就往往面临被动的局面,难以应付各种不同的企业行为守则。从这个意义上看,企业生产行为守则作为真正意义上的企业社会责任标准的雏形,其约束力量比较有限。

(二) 民间组织的企业社会责任的标准

民间组织是最早关注并推进企业社会责任的力量之一。民间组织为了促进企业社会责任,也不断出台各种各样的社会责任规范,而这些标准中也包括了行业社会责任规范,也涉及社会责任的一般标准。在许多国外民间组织所制订的国际社会义务责任准则中,影响程度相对比较大的主要有:由美国的社会责任国际(SAI)制订的 SA 8000 准则、洁净服装运动(Clean Clothes Campaign)行动准则、英国道德贸易组织(Ethical Trading Initiative)、环球服装生产社会责任组织(Worldwide Responsible Apparel Production)的认证准则,以及全球玩具商联合会商业行为准则等。这些生产原则和社会责任标准被用于在全世界开展的社会责任审核和认证工作中。比如,SA 8000 准则是一种完全独立于政府部门,并可以进行严格审核和确认的社会责任准则。一些跨国公司为建立品牌形象,纷纷响应 SA 8000 准则,同时也要求生产配套公司和协作厂商都要执行该准则。

　　民间组织与其他一些推动企业社会责任的力量强调社会责任的自愿性，与强制性相比，更加强调企业社会责任标准的执行情况和效力。虽然由市民团体所制订的规范和准则并不具备严格法律约束力，且通常也无法由国际、国内的司法组织或其他机关予以强制执行，但通过利用市民团体作为企业社会责任外部监督主体而具备的行动力量和行动机制，同时也形成了某种意义上的执行与监督，以提高其实效性。例如，通过揭露、抵抗产品等"反抗式"的对策强制公司承担社会责任，这种社会责任标准也具备了一定的法律约束力。但从总体上来看，这些由社会团体所提出的第三方认可准则的适应性和权威性还不足，都不是真正意义上的标准，所以许多大跨国公司也基本都不使用，而通过认可的大公司数量也非常少，由民间组织所提出的社会责任准则的影响力也还不足。

（三）国际机构中有关社会责任的规范、准则与倡议

　　在经济全球化的大背景下，为了面对企业全球化过程中的一些新挑战，一些国际机构对促进企业社会责任十分重视，不断提交有关企业方面的规范、准则和倡议，并组建了相应机构和团队，在世界各地积极推动企业社会责任的履行。其影响比较大的有联合国世界契约机构、中国经济合作与发展小组、全球劳动机构、全球标准化机构等。与一般民间组织比较，这些国家责任标准更多地涉及社会的一般准则，可覆盖更多行业和更多领域。

　　1. 联合国组织世界协议（Global Compact）

　　联合国组织开始参与企业社会责任问题的重要标志是 1999 年 1 月发起的"世界协议"行动计划。该行动计划的核心内容是规定公司在他们的直接影响区域内遵循、赞成并且执行一整套在国际人权、劳动准则、环境保护和反贿赂四大领域方面的十项原则，通过培养对国际社会有责任的和富于创造力的公司表率，构建一种促进可持续发展和经济社会绩效同步提升的国际架构。"世界协议"行动计划于 2000 年 7 月在联合国总部宣布启动。为了推进全球契约规划的开展，联合国组织内设立了联合国全球契约组织，同联

合国内的相关组织合作形成了全球契约网络，对该协议中包含的权利、劳动、环保和反腐败等十项准则加以传播、促进、沟通。2006 年，联合国全球契约组织与联合国环境规划署可持续金融倡议（UNEP Finance Initiative, UNEP FI）在纽约证券交易所联合发起"负责任投资原则"（Principles for Responsible Investment, PRI），为全球投资者提供一个投资原则框架，将环境、社会和治理（ESG）考量融合到其投资决策及所有权实践中。另外，还组建了全球契约基金会，为国际的合约经济发展活动提供了保障；定期召开联合国全球契约领导人峰会等。"全球契约"计划自开展至今，在全球的影响不断扩大，参与"全球契约"计划的公司也日益增加。

2. 经济合作与发展组织（OECD）《跨国企业指南》

OECD 颁布的《跨国企业指南》（以下简称《指南》）中，确定了跨国公司应当履行的若干基本社会责任。在 2000 年 6 月修订的《指南》中，全面涉及跨国公司在经济、社会、劳资关系、环境、消费者利益以及反腐败等方面的内容。《指南》主要用于判断跨国公司的行为准则，是否符合"良好的企业公民"的要求。经合 OECD 的理事会还就实施《指南》，在组织、程序等方面制定了一些规范，有助于形成更加积极的经济激励机制，以促进和监督企业界对《指南》的实施。

3. 国际劳工组织（ILO）的公约

ILO 是由政府部门、国际劳动者团体和工会组织所共同构成的三方机构，该机构提出了许多形成各国基本劳动规范的国际公约。其中，以包括结社自由、集体谈判、强制劳动、童工、职业歧视等劳动者基本权利的八个公约为基础公约或核心公约，还有若干关于工作时间和休息时间、工资报酬、社会保障、职业安全与卫生的重要公约。这项由国际劳工组织制定的公约，对批准的成员国具有约束力，且在近年来，相关公约所涵盖的内容被广泛用于各种社会责任标准。

4. 国际标准化组织（ISO）制定的社会责任国际标准 ISO 26000

鉴于已有的各种企业社会责任标准的适应性或权威性不够，国际上要求制定统一的企业社会责任国际标准的呼声越来越高。国际标准化组织作为世界最具权威性的国家标准机构，其技术管理局（ISO/TMB）在 2002 年设立了企业社会责任顾问组，就建立企业社会责任标准开展系列的研究。经过两年的研究，国际标准化组织社会责任顾问组完成并提交了《社会责任工作报告》。2004 年 6 月，"ISO 社会责任大会"专门就《社会责任工作报告》展开了研讨，随即召开的 ISO/TMB 工作会依据 "ISO 社会责任大会" 的研讨建议，确定组成 "ISO 社会工作组"，负责管理 ISO 26000《社会指导》标准的管理工作，并启动了标准编写管理工作。当时明确了三条要求：一是该准则是一种指导性文件，二是该准则不能作为第三方的认可，三是该标准并没有一个内部管理体系。

ISO 组织制定的社会责任国际标准 ISO 26000，在社会责任领域形成国际标准，统一各方对社会责任的认知和实践。截至目前，已有 84 个国家、40 个国际组织、600 多名专家参与了标准的起草工作。其中，非政府机构专家不断施加影响，并逐步指导着标准的制定工作，促使了标准草案的内涵由社会责任理念逐渐延伸至权利、劳动、环保等七个方面，其范围也由公司机构逐渐扩大至包括政府部门、协会等在内的所有机构。目前 ISO 26000 草案从架构到内涵都已基本明确，在 ISO 26000 草案制订过程中，发达国家与发展中国家相互之间对于社会责任的许多方面还存在不同的看法与争议。特别是由于 ISO 26000 标准使其范围由公司机构逐步扩大到了包括政府部门、协会等在内的各种机构，其条款范围包括了各国政治、外交、经济、社会、环保、法治、道德等各个方面，因此来自发展中国家与发达国家内部的意见存在量也会越来越多。另外，其他有关的各国机构也都提出了一些企业社会责任准则。如全球报告倡议组织（Global Reporting Initiative，GRI）制定的《全球报告倡议》，世界银行提出的《社会责任标准》等。

总体来看，现行国际范围内的企业社会责任标准呈现出比较复杂的局面，反映了不同组织和机构对企业社会责任的不同认识和要求。同时，各种社会责任标准之间也存在着内在逻辑联系和发展规律，在其发展历程中，国际企业社会责任标准呈现一个适用范围不断扩大和深化、标准不断专业化的趋势。

最初在微观层面，是跨国公司生产守则。一些跨国公司在各种压力下开始制定生产守则，对公司自身和供应链上的供应商进行约束，其主要目的是维护劳工权益、改善劳动条件。但由于各个公司提出的标准差异大，同时其标准的监督由跨国公司自行决定，缺乏外部的独立监督，从而大大降低了其权威性。因此，在 20 世纪 90 年代中期以后，众多的国际民间组织和机构积极介入企业社会责任标准的制定，使跨国公司的生产守则向行业标准或者区域标准扩大，同时也增加了企业社会责任标准的内容和范围，提高了标准的专业化程度。此后，联合国等各种国际组织制定了各类社会责任标准和倡议，在标准中加入了促进当地经济发展、反腐败、人权要求等相应内容，更加注重国家社会经济发展和国际良好经济秩序的建立与维护，社会责任标准的适用性不断增强。

此外，各种社会责任标准之间还呈现出融合趋势。例如，GRI 开始主动谋求与许多国际上相关机构及其标准的沟通和综合，并专门就履行国际契约和经合组织的跨国公司行为准则制定了指引。联合国是 GRI 指标体系的参与方之一，与国际标准化组织也保持了密切联系，对于国际企业社会责任的标准化趋势起到了推动作用。目前，企业社会责任规范的一种主要变化是：在规范中适当添加信息发布指标体系、信息沟通指标、企业社会责任管理制度建立与运作指标体系，使企业社会责任规范融入公司管理制度，建立规范的、通用的企业社会责任管理制度指标体系，实现企业社会责任战略、标准与企业管理的全面融合。

二、中国企业社会责任标准的起源

我国关于企业社会责任标准的研究主要起步于 20 世纪 90 年代初期，但真正进行深入研究是在 21 世纪初。2000 年之后，中国对海外企业社会责任问题的介绍与引进工作更加系统化，这一时期关于中国企业社会责任问题所研讨的主题主要涉及：企业社会责任与可持续发展的相互关系，中国企业社会责任与社会主义和谐社会，在应对 SA 8000 及公司文化、企业伦理与公司会计等的中国企业社会责任问题，以及中国对海外企业社会责任问题的理论理解与实际借鉴、中国民营企业责任、企业社会责任与公司经营业绩之间的关联、中国大型跨国企业、利益相关者与公司、公司与企业管理、劳工保障制度等。2003 年以后，企业社会责任标准法律范畴的研究也在逐步发展中，除一般性的法理研究之外，主要包括对新《公司法》第五条中"企业社会责任"的法律属性的认定。随后，2008 年全球金融危机爆发，企业社会责任的实现路径、动力、企业社会责任报告和信息发布机制、评估准则与制度、与公司财务业绩的关联等方面逐渐成为企业和政府的工作重点。

以下将从政府机构和行业组织两个层面对企业社会责任标准的起源进行归纳。

1. 政府机构层面

国务院国资委颁布了《关于中央企业履行社会责任的指导意见》（以下简称《指导意见》）。该《指导意见》借鉴了国际上有关社会责任的规范，根据中国国情和国企实践情况的基础，明确提出了中央企业承担社会责任的八项内容和五项主要措施。该《指导意见》是我国第一个由政府机构发布的指导意见，直接促进了中央企业社会责任的发展，许多中央企业按照规定，积极构建企业社会责任的管理制度，并主动与社会各界交流，截至2008 年底，国务院国资委监督的中央企业已有 23 家公布了企业社会责任审计报告。

2. 行业组织层面

一是中国企业联合会全球契约推进办公室制定的"全球契约"企业社会责任标准。它把"全球契约"的十项基本准则指标化，并且新增了企业法人治理评定和企业投资风险评估两大细则，已不完全停留在对公司的具体社会责任行为方面，而是越来越贴近于对公司内部社会责任管理体系的评估规范。二是由中国纺织工业协会建立的中国纺织企业社会责任体系（CSC 9000T）。这是一种较为典型的行业生产原则，主要根据当时我国国内与劳工有关方面的法规、条例以及国际劳工组织协定，核心仍然是劳动保障。同时，CSC 9000T 还借鉴了 ISO 14000、国际职业健康安全管理标准（OHSAS 18000）、企业社会责任行动（BSCI）等体系，并设定了具体的行动目标。

三、中国企业社会责任标准推进趋势

自从中国加入 ISO 26000 起草委员会并成为成员以后，关于中国的企业社会责任标准的研究也越来越国际化。在 2010 年前后关于 ISO 26000 标准的制定过程以及实施后环境影响的研究也开始出现。此外，为了与全球主流发展趋势相一致，低碳、绿色金融和竞争力等新问题也作为重要研发主题，以政治制度化推进企业的新问题也受到了普遍重视。2010 年以后，中国关于新制度标准研发也取得了主要地位，包括企业信息公开机制等，是研发的热门话题。相关领域一般聚焦在上市公司信息披露的实验方法研究范畴，以公司信息披露与公司绩效、企业内部治理、市场反应、财务投资、相关者的影响、机制动力因素、中小企业影响力等方面相关课题研发内容较多，以财务、管理和经营等范畴的研究居多。在制度化研发方面，也出现了将制度化因素导入的实验方法研发，研发深入程度与实效性也逐步提升。

中国政府在全党的共同统一带领下，在全国范围内协调发展规划，起到了宣传普及的作用。政府层面关于企业社会责任的文件中，涉及国外直接投资公司、央企和国企等的文件比较多，有重要指导意义，如表 3 - 1 所示。如商务部出台的《中国境外企业文化建设若干意见》等几个文件，明确规定了我国公司到国外承担企业社会责任，以造福于当地社会和民众，并塑造了我国公司社会负责任的良好形象。

表 3 - 1　　　　　　　　政府层面企业社会责任推进情况

政府部门	文件	具体内容
中共中央、国务院	《关于构建和谐劳动关系的意见》（2015）	构建中国特色和谐劳动关系
国资委	《关于中央企业履行社会责任的指导意见》（2008）	央企要增强社会责任意识，积极履行社会责任
	《中央企业"十二五"和谐发展战略实施纲要》（2011）	激发央企活力，履行社会责任
	《关于中央企业更好履行社会责任的指导意见》（2016）	鼓励国企履行社会责任，促进可持续发展
国家发展和改革委员会	十个部门《关于促进绿色消费的指导意见》（2016）	促进绿色消费，加快生态文明建设
	《关于促进分享经济发展的指导性意见》（2017）	推动经济社会绿色发展、共享平台需承担社会责任
国家标准化管理委员会	"36000"数字为系列的三项国家标准	落地 ISO 26000 社会责任国际标准
中国社会科学院	《中国企业社会责任报告编写指南》（2009）、《中国企业社会责任报告评级标准》（2009）	企业社会责任报告编制工具手册
中国银行业监督管理委员会	《关于加强银行业金融机构社会责任的意见》（2007）	加强银行业金融机构的社会责任感
	《绿色信贷指引》（2012）	推动银行业金融机构积极调整信贷结构
工商总局	《网络交易平台经营者履行社会责任指引》（2014）	规范网络商品交易及服务，引导网络交易平台经营者积极履行社会责任
商务部	《外资投资企业履行社会责任指导性意见》（2009）	要求外企履行社会责任
	《中国境外企业文化建设若干意见》（2012）	重点阐明了中国境外企业文化建设的九大内容
	《对外投资合作环境保护指南》（2013）	首次对企业对外投资合作环境保护行为进行方向性指导

政府部门	文件	具体内容
商务部	商务部指导、五矿商会等《中国对外矿业投资行业社会责任指引》（2014）	中国矿业领域首份内容全面且具备国际化和包容性的社会责任标准性文件
	《境外投资管理办法》（2014）	明确中国境外投资的管理规范
人力资源和社会保障部	《关于深入推进集体合同制度实施彩虹计划的通知》（2010）	协调劳动关系、构建和谐社会
工业和信息化部	指导发布《电子信息行业社会责任治理评价指标体系》、《电子信息行业社会责任指南》（SJ/T 16000—2016）实施手册、《电子信息行业社会责任建设发展报告》（2017）	规范电子信息企业"怎么评"的重要方法标准、全面履行企业社会责任的操作手册

资料来源：金仁仙. 中国企业社会责任政策的分析及启示 [J]. 北京社会科学，2019（8）：22 – 33.

　　政府出台的规范性文件，为我国民营企业更科学、系统地承担社会责任指明了方向。2009 年，中国社会科学院推出的《中国企业社会责任报告编写指南》《中国企业社会责任报告评级标准》，进一步加强了公司社会报表制作的规范，克服了之前企业财务报告中篇幅过短、框架不清、内容随意等问题。2015 年，国家质量监督检验检疫总局、国家标准化管理委员审定公布了以"36000"数字为系列的三项国家标准，以接轨国际ISO 26000。2016—2017 年，为充分反映现阶段我国电子信息产业发展的社会特征与产业特点，工业和信息化部在国内先进企业的社会责任理论与实际研究成果的基础上，出台了《电子信息行业社会责任指南》（SJ/T 16000—2016）及其实施手册等文件。中央的部分主管部门都在相关文件的编写中加入了对企业社会责任的思考，与国外相衔接，力图推动我国的企业社会责任实践活动。但中央层次缺少权威机构开展国企社会责任管理工作，各单位文件间的相关性少、衔接差，存在各自为政的情况。

　　各地政府积极落实中央的指示，提出了针对性强、差异性突出的公共政策。目前，已经出台国企社会责任规定的地方政府主要集中于北京、上海和东部沿海地区。由于上述地方政府具备了经济社会发展水平较高、与外资企业协作紧密的特点，因此上海市、北京市国资委为响应中央政策，并根据本地国企体制改革发展实践，作出了相应的研究，并出台了对本市国有企业更好落实社会责任的若干意见。其他地区政府方面，山东在全国率先批准发布《企业社会责任指标体系》（2014）和《企业社会责任报告编写指南》（2014），开启了地方以规范方式推进社会责任建设的先例，并具备了实际指导价值。深圳市政府的中小企业社会责任促进政策与措施创新性高、可操作性强，实施的政策与措施主要有：由政府部门主导，结合产业组织设立专业的理事会；引导中小企业自愿申请或参加中小企业社会责任评估活动，对通过社会责任评估活动的中小企业，由政府有关部门在法规框架内提供相关的便利服务等。浙江省、河北省、江苏省等，都出台了中小企业社会责任建设指导意见，与中央比较，各地政府的公共政策在推动中小企业发挥社会职责层面上，具有针对性更强、差异化也更为突出的优点。但是，目前已出台相应政策措施的地方政府总体上占比仍然很少，且相关文件还停留在鼓励民营企业积极发挥社会责任的政策层次，后续并没有具体细化的政策措施跟进，在政策的可行性和系统性等方面都亟待进一步提高。

自律性机构，即各行各业为协调内部及各成员关系而建立的、拥有自身约束力的"公约性"机构。随着我国经济社会的转型，更多的社会职责已由非政务机构来履行，自律能力机构针对产业特征出台法规，促进了行业的责任系统性、规范性。自2005年以来，在中小企业社会公共政策的实施中，纺织业、证券业、机械工业、林业等自律性部门，相继出台了有关中小企业管理制度、政策指引和指导意见等方面的文件。2005年，中国纺织工业联合会为进一步拓展中国纺织业对外贸易、提高国际贸易实力和产业的可持续发展，率先组建社会责任办公室，并牵头制定了社会管理制度CSC 9000T，标志着中国首个国家级社会责任常设机构——中国纺织工业联合会社会责任办公室成立。工业、林业、境外公司等协会机构，则推出了行业内部社会责任指引和财务报告编制指引，以帮助公司内部和行业外学习公司的社会责任理念，并形成了相应的管理制度，以开展公司的社会责任建设。与政府部门一样，自律性机构拥有自己的专业优势，能够利用各自资源优势出台产业的法规，发布的中小企业社会责任公共政策在一定程度上符合了行业国际贸易以及国家鼓励企业社会责任的政策要求。参与我国中小企业社会责任发展的自律性机构主要集中于纺织业、工业等少数领域，涵盖的范畴仍有进一步拓展的空间。

根据对我国企业社会责任制度推进政策的实际状况分析，中国政府在一定程度上注重将企业社会责任制度化，与 ISO 26000 的国际指南接轨，推动了企业社会责任制度的建立。同时，政策中仍存在企业内部社会责任制度化建立不健全、企业内部社会责任规范制度建立不规范，以及没有权威的组织对企业实施社会责任管理工作等的问题。基于此，提出以下建议。

首先，健全规章制度建设是企业社会责任建立的重要环节。必须明晰企业社会责任的基本内涵，以弥补目前立法漏洞。企业的经营活动涵盖了经济生活的各个领域，因此政府部门需要集思广益，从社会立法中确定企业对各种利益相关者的社会义务与责任。多数国内研究者都支持采用企业社会责任立法的形式促进企业社会责任规范化管理，但也有学者主张非立法的公共政策比较符合目前中国企业社会责任的实际发展状况。为了促进企业尽快做到社会规范化管理，可考虑以非立法的政策提高企业承担社会责任的意识，也可以考虑通过建立专门的企业社会责任法，将企业社会责任引入规范化的管理。

其次，构建符合国情的企业社会责任规范管理体系，是政府部门规范企业社会责任活动的重要基础。我国企业将在管理政策和规范上与国际接轨，积极参与全球企业社会责任认证规范的建立与完善，以早日构建起符合中国国情、普遍适用的企业社会责任标准管理体系。这一标准管理体系，是包含了战略制订、实施管理、绩效考核、沟通与传递等内容的全面闭环的标准管理系统。

最后，建立权威监督机制，将有助于针对性、制度化地贯彻中小企业的社会责任并促进政策实施。但目前，中央、各地政府部门还没有专业的权威机构和各级政府监督机制指导、督促中小企业落实社会责任。所以，在中央层面上需要由有权威的企业社会责任主管部门，牵头编制我国民营企业的社会责任管理中长期计划，并定期考察和评估地方政府在民营企业承担社会责任过程中的驱动效应。而各地政府部门和地方自律性机构也需要建立专门的组织，在中央权力机构的具体行动框架下，针对区域和产业的特殊性推动民营企业和其他利益关联方之间的协作，系统地推动民营企业社会责任管理工作。

完善企业激励方面的政策与措施是推动我国民营企业积极承担社会责任的有效途径。激励性政策比严惩性监管措施更能有效地促进民营企业对社会责任的自觉落实，税收优惠政策也可以强而有力地鼓励民营企业主动承担社会责任。而面对目前部分民营企业不了解企业社会责任，并担心竞争力被降低的状况，地方政府部门也能够利用行政购买、政府审批优待、税费优惠、行业准入、资金保障等合理举措，缓解民营企业的担忧。

第三节　企业社会责任标准分类

一、国际企业社会责任标准

企业的社会责任范围包括了社会学、政治学、国民经济、人文、法律、宗教信仰、伦理学、职业道德等各个方面，对社会、国民经济和人类的发展产生了重大的影响。从 21 世纪初起，企业社会责任问题就越来越成为全球社会所关注的焦点，尽管企业社会责任的观念在早期就已经出现，但是因为始终未能出台权威机构所制定的成文管理标准，导致目前在全球范围内并不能建立有普遍影响力的关于企业社会责任的评估准则。诚如有的研究者所言，"早期的社会责任规范是公司的某种个人活动"。随着企业社会责任理念在中国的兴起，国际倡议、规范、指引等先后被引入中国。其困难在于，使用者对各类不同的社会责任标准都难以获得全面、清晰的认识。但是，从实际应用的视角来说，在目前的政策、规范和指引中，并不是一种标准，也不能全方位地解决有关社会的全部或各个方面的问题，而且各种标准也都从不同的角度，各自集中地解决了社会的单一或众多领域方面的问题。直到2010 年 11 月 1 日，国际标准化组织（ISO）在瑞士日内瓦国际会议中心召开新闻发布会，及时宣告即日起开始颁布《社会责任指南》（ISO 26000），完成了对"社会责任"概念的统一界定。

（一）国际企业社会责任标准分类

在世界范围内出现的多种社会责任评价标准，是促进企业社会责任运动发展的主要动力。ISO 26000 颁布后，全球范围内与社会责任相关的准则主要可界定为以下五类。

1. SA 8000

第一类即专门关于劳动保障的标准，这些标准主要由民间组织提出，在各国劳动标准中发展而来，具有单一性、分散化。目前，有着很大影响力并引发普遍争议的是国外劳动标准、社会保障规定以及 SA 8000。SA 8000 作为对社会责任标准的一种认证系统，不但确定了企业社会责任标准，同时还提供了公司相应的管理条件。把社会责任与公司管理紧密结合起来，在适当程度上也有利于规范企业社会组织特别是公司的道德行为，也有利于提高公司劳动条件，维护劳动者利益。

2. ISO 9000 和 ISO 14000

第二类则为由国际标准化组织（ISO）所颁布的 ISO 9000 和 ISO 14000 系列国际标准，这两种体系标准的重点面向为质量管理和环保意识，是公司构建与执行质量管理制度和环保意识，并通过国际认可的重要基础。ISO 9000

和 ISO 14000 对于组织（公司、企业）的要求很多都是共同的，因此，这两种标准可以一起使用。

3. AA1000

第三类是道德评估和审查准则。最有名的，当属英国社会与伦理责任研究所（The Institute for Social and Ethical Accountability）在 1999 年所颁布的 AA1000。该准则致力为所有机构提供会计监管与社会责任管理工具与规范来改善社会责任，以促使企业可持续发展。AA1000 准则侧重改革公司对可继续报告的独立审查，并重建人们对公开与高效的商业实务的信任。

4. 综合性准则

第四类则是评价企业社会责任的综合性准则，包含了多米尼社会责任与投资指数（KLD）、道琼斯可持续发展指数（The Dow Jones Sustainability Indexes，DJSI）、国际社会契约准则、跨国企业的行为、全球报告倡议组织（GRI）等。其中，GRI 在 2006 年 10 月推出了各界最普遍接受的第三代《可持续发展报告指南》（简称 G3），它为企业社会责任规范提供关键平台与方法，踏出了关键的第一步。

5. ISO 26000

第五类即 ISO 26000，由 ISO 所推出的、综合性的、拥有广泛影响力和号召力以及全球通用性的社会责任规范。ISO 26000 的推出，将在极大程度上彻底改变社会的发展格局，不但将由原先仅面向企业的"责任（CSR）"转化为面向包含政府内部的各种组织的"责任（SR）"，同时也在全世界范围内必然会加快地促进运动的蓬勃发展。ISO 26000 集成了世界上全部的社会倡导、规范、指引以及国际条约等主要内容，从而使得社会概念能够更充分地渗透到每一个国际组织的体系之中，构建起世界社会责任共识。

（二）国际企业社会责任标准现状

1. SA 8000

SA 8000 在 1997 年发布，但是直至 2003 年，才随着中国相关新闻媒体的广泛报道，受到舆论的重视，相关咨询与认可组织在引进该规范之时，更将其作为标准来加以推广。不可否认，通过 SA 8000 的实施，将可以给公司发展带来新的外部压力，从而促使公司通过改进运营管理模式，构建良好而稳健的劳资关系，从而启迪企业创新思想，提高公司的国际信誉，进而使公司采用良好的社会责任经营管理模式，不但能够取得良好的经济效益和社会效益，并且还能够取得可持续发展。而社会责任经营作为公司的新竞争优势，将能够提高国际竞争力，也有助于公司在国际化的市场竞争中，取得先发优势。

SA 8000 认证主要有以下局限。

（1）公信力较低。SA 8000 认证是由美国社会责任国际组织（SAI）所推出的，而 SAI 在 2001 年 12 月就推出了 SA 8000：2001，而且还自称是全世界首个可以进行第三方验证的标准。正因为 SAI 机构的公信力相对较低，其影响力也仅限于某一地方，从而使得 SA 8000 证书的权威大为受挫，导致 SA 8000 证书一直无法得到社会普遍承认。SA 8000 仅为目前国际市场上几百个不同的有关劳动保护与责任准则中的一种，离真正意义上的标准还存在较大的差异。

（2）范围狭窄。SA 8000 认证只适合于"各地、所有产业、各种规模的企业"，而不能涵盖政府部门、NGO 和非营利机构的社会责任。SA 8000 证书对企业社会责任的概念也只是局限为企业社会责任。通过认真研读 SA 8000 就可看出，尽管名称上为企业社会责任，可是证书内容却基本上仅包括了劳动保障责任，其具体规定也大多没有实质性考核指标，实施与操作过程中也存在很多问题。加之世界各国消费者和社会各界对 SA 8000 证书的认识并不多，所以即使是美国的国家标准化机构（ANSI）也没有承认 SA 8000 国际标准。

（3）标准过于单一。SA 8000 并不是采用"一致但有差异的"社会标准，忽略了发展中国家与发达国家企业处在不同的经济社会发展阶段中的实际情况，对企业社会责任的衡量往往采用"一刀切"的形式，导致发展中国家的绝大部分企业都是在跨国购买公司的巨大压力下被迫进行 SA 8000 认证，几乎没有企业是为了进行社会责任建设或提高企业的社会形象而主动申请认证。

（4）认可组织体系紊乱。虽然 SA 8000 被 SAI 宣称为是能够被"第三方认可组织用来考核的国际社会准则"，但目前为止 SA 8000 认证项目获批的认证机构共 29 家，在中国市场运营的有 10 多家，认可组织总量较小，无法适应社会现实的发展需求，同时由于第三者认可组织市场发展尚不健全，也没有统一法律规范，因此很多中介认可公司都宣称自己有资质运营公司 SA 8000 社会责任证明，并以此为自身的生产方式。

（5）贸易壁垒。SA 8000 证书给世人的印象，其实更多的是作为一个贸易壁垒而存在。因为 SA 8000 证书是由发达国家的民间组织所提出并在世界范围内推动获得承认的，但在这一过程中，并未顾及发展中国家的利益需要，而 SA 8000 证书又因其隐秘性和欺骗性的条款，往往诱使发展中国家的出口企业步入"认证陷阱"中，而复杂的认证程序、昂贵的证书费、复杂的证书程序势必大幅提高企业成本，成为抵扣企业收益的最主要原因，从而充分达到了保护发达国家产业、削弱发展中国家竞争优势的目的。SA 8000 所暴露出的这些局限，非常容易被贸易保护主义者所利用，成为限制发展中国家劳动密集型产品出口的工具。

2. ISO 9000

ISO 9000 国家或政府认可的，以其为基础开展的第三方质量认可活动，以绝对的权利与威信确保了公开、公正、平等和相互间的充分诚信。其系列标准具有以下发展历史。

1980 年，"质量"一词被界定为在企业运作和绩效管理中所体现的组织实力的形成，一些行业标准和国家标准，但随着跨境交易的逐步形成，跨行业、跨国度的新规范也将呼之欲出。

1987 年 6 月，在挪威首都奥斯陆召开的第六次委员会议上，代表们统一赞同把 TC176 委员更名为"品质管理和品质保证技术委员会"，并对一些新的实际工作服务项目加以了研讨。

1992 年，我国等同使用 ISO 9000 体系规范，并建立了 GB/T 19000 体系规范。欧共体则指出，其内部各地公司根据 ISO 9000 体系标准建立质量体系，而美国政府则将其视为"加入世界质量运动会的准则"。

1994 年，国际标准化组织发布了 ISO 9000—1994 体系国际标准。全球各大公司，如西门子集团、松下公司、杜邦公司等相继进行了验证，并由他们的分供方进行了 ISO 9000 验证。

1996 年，国内部门如机械电子部、石油部、工程建设部等逐渐地把产品经过 ISO 9000 确认视为向中国政府采购的基本要求之一，并由此促进了中国的 ISO 9000 认证事业迅速发展。

2000 年，国际标准化组织修改发布 ISO 9000—2000 系列标准，更符合新时代对各产业品质管理体系的要求。

ISO 9000 的成功证实了国际标准中设立环境管理系统规范的可行性和巨大进步及其重要性。在成功建立了 ISO 9000 体系的基础上，开始着手建立了国际标准编号为 14000 的一系列环境保护管理规范。由于 ISO 14000 系统规范是先进工业国家环境保护管理工作成功经验的结晶，因此在建立标准时又充分考虑到各个成员国的具体情况，是一种完整的、操作性很强的体系标准，包括为制定、实施、实现、评审和保持环境方针所需的组织结构、策划活动、职责、惯例、程序过程和资源。它的重要性就在于，ISO 14001 规范能够帮助企业在其生产、经营等活动中考虑其对环境的危害程度，降低环境负担；帮助公司节约能源，再生使用的垃圾，从而降低运营成本；帮助公司做好环境管理工作，提升公司职工的环保意识，促进公司自觉遵守环保法律、规章制度；树立企业形象，让公司能够拿到走向全球市场的"绿色通行证"。

3. AA1000

1995 年，社会与伦理责任研究所（Institute for Social and Ethical Acount Ability）创建了一个非营利性组织，即 Accountability，其理念为改善个人社

会责任意识，以实现可持续发展目标。通过建立了 AA1000 系列标准，为所有机构提供了高效的企业审计与责任管理和规范。Accountability 通过一个多方参与的创新型模式，实现了组织与个人成员之间的直接参与，由拥有来自五大洲地区共三十余个发展中国家的公司、非政府机构、政府部门等共同组成。AA1000 系列标准是一个相当完善的系统，包含了一系列标准原则、架构以及二套规范。

4. ISO 26000

ISO 26000 经过了一个复杂而漫长的发展历程，ISO 于 2001 年开始着手进行国际社会责任标准的研究与讨论工作，并专门建立了国际社会责任顾问组。2004 年 6 月，最终确定了开发一种适合于包括中国在内的各种社会团体的"社会责任"国际标准化组织指南规范系统，由 54 个成员国和 24 个国际组织联合参加制定，统一编码为 ISO 26000，是在 ISO 9000 和 ISO 14000 之后提出的新规范系统，这也是 ISO 新拓展的范畴，ISO 还组建了社会责任工作组（WGSR）承担规范的制定工作。社会责任标准的研究提出，迅速受到了全球社会各界的普遍重视。ISO 26000 国际标准体系旨在帮助国际组织通过提高与社会有关的共同表现，和利益有关方达成相互的信任。于 2010 年 9 月 12 日经参加了 ISO 26000 工作会议的所有国际组织成员选举（93% 赞同）取得了最后批准，并取得了 ISO 社会责任工作组联络组和副主席顾问组的一致赞同拥护。这为 ISO 26000 的最终标准草案（FDIS）上升为标准开创了道路。《ISO 26000 社会责任指南》已于 2010 年 11 月 1 日在日内瓦会议公开发表了英文版。

ISO 26000 在开发目标的选择、组织实施、过程管理与协调等方面，与其他规范企业开发的传统方法一样有着自己的特点，其主要特征体现在以下方面：一是，以创造国际上普适的企业社会责任指南为主要目标。二是，内涵不再限于企业社会责任（CSR）是指关于企业各种组织间的社会责任（SR）。三是，促进在全球按最佳实践方式承担的社会责任，促进可持续发展。四是，确定了中国社会义务责任准则的指南性质，即自愿性与非认证性质。五是，以利益相关方参与程度和共识为基准。六是，组成由六个利益相关方共同参与的，即公司、政府、非政府机构、工会、消费者和技术、金融服务等。七是，由责任工作组中的各会员国派出六个代表，并共同在本国镜像成立由六方共同加入的与 ISO 对口的责任管理工作组。八是，非 ISO 的成员，即各个国外联系机构也可以推举两名管理工作组的代表加入。九是，在国际标准发展史上，我国代表加入总量第一次高于国家的代表总量，2020年其比率分别达到 62% 和 37%。十是，社会责任工作组织设置了两个主席，具有同等权利，并遵循发达国家和发展中国家的代表"成对领导"原则。十一是，ISO 有史至今较大的全球性项目工作组，目前加入国达九十多个，过去仅有二十多个成员国。有国外联系机构四十余个，专家人员达四百多人。十二是，同联合国世界契约、国际劳工组织、经济合作发展发展组织等部门合作，并签署了合作备忘录。

二、中国企业社会责任标准

（一）中国企业社会责任标准构建

本节将从中国企业社会责任标准构建的意义、要点和内涵三方面展开叙述，具体包括以下内容。

1. 中国企业社会责任标准构建的意义

在众多企业社会责任标准中，建设符合中国特色的企业社会责任标准具有现实意义：一是，企业要自觉地把增加就业、提高员工收入、社会保障、给员工提供发展空间，以及建设资源节约型和环境友好型社会作为企业发展战略的重要组成部分。二是，企业社会责任规范要体系化、定量化，更具实践性，即要将非经营性、非技术性的、抽象化的企业社会责任精神理念层面的所有东西都指标化。三是，企业社会责任的指标体系，在设计方面特别注意适合各个行业，对于定量化测评企业社会责任提出了一种带有普遍性的标准工具，并形成了一个可以被第三方认可机构审核的，特别是可以被全球社会广泛接受的标准。四是，争取把它建设成为衡量我国企业包括在华一切企业的道德指数。

2. 中国企业社会责任标准构建的要点

在制定企业社会责任标准和规范时要注重做到以下几点：一是，掌握好可持续发展这个核心理念。企业所承担社会责任的核心内容就是可持续发展，因此所有企业的社会责任规范都必须从这个核心理念入手，以增强企业的可持续性发展能力为主要目标，从而推动企业、社会与环境的全方位和谐发展。二是，处理好立足国情和同国际接轨的关系。企业社会责任准则的建立，就必须学会汲取国外社会公认的管理理念与规范，但也要结合我国的国情，注重与社会主义核心价值观以及我国传统文化的结合，不能超越我国经济社会发展的发展阶段。三是，处理好个人承担社会责任和服务企业实际的关系。中国民营企业实力还相当薄弱，与全球一流的跨国公司相比，尚有很大差距。企业社会责任准则的设定，不应当脱离现实，设定超越自身实力的过高目标，而应当按照企业所在的产业特征和发展的阶段性特征来实施，最后贯穿在增强企业竞争力中。

3. 中国企业社会责任标准构建的内涵

建立我国特有的企业社会责任规范，需要明确以下三项基本内涵：一是，在企业经营的社会关系中，企业履行社会责任不但需要企业恰当地管理好与主要股东或投资人的关系，而且还在其运营过程中实现合理守信，并致力于长远可持续发展，以创造更多的公平职业岗位，为社会创造更多的财富。二是，在社会发展上，企业为了承担社会责任需要处理好与雇员、消费者和经济社会上各主要利益相关者的关系，一般包含相互尊重基本权益、以人道主义精神尊敬雇员、维护雇员的基本权益、为雇员创造卫生健康的环境、为雇员的职业发展创造有利条件、为消费者创造品质安全感、拥有质量安全保证的商品与服务等。三是，在环保方面，为履行企业社会责任需要正确处理公司活动与环保方面的相互关系，做到企业发展与环境保护统筹兼顾，重点内容涉及严格执行国家和地区关于环保活动的规章制度，形成健全的环保管理制度，不断地改善环境保护工作，并主动处置和规避环保风险，以便不断改善公司能源和原料资源的有效利用效果等。

综上所述，中国企业社会责任标准存在着合理和不合理的双重性，而且内容涉及较为广泛。这就要求企业和政府相关部门及早准备工作，使企业的社会责任标准制度化，纳入中国劳动法制框架内。其一，我国劳动管理部门、劳动纪律监督机构等应该主动了解、介入和引导这一标准的制度化。政府劳动部门与工会合作，要逐步介入国家劳动标准的检查确认工作，并将其作为对涉外企业宣传贯彻国家劳动法规工作的主要内容。这样才能解决其商业性的缺点，并降低"劳工人权"干涉的可能性，使之成为国家劳动法制的一部分。其二，利用这一标准的实施，建立涉外企业劳动纠纷与劳动争议的预防机制，在劳资矛盾萌发、酝酿阶段予以解决，寻找一条协商与缓和日益凸显的劳资矛盾的新路。其三，要使社会责任标准的检查认证规范化，这种规范包括两个方面的内容：一是，在监察认证的形式上，要使认证结果具有法律效力，进行多方介入，甚至还应有非营利的 NGO 组织和大学机构。二是，要使劳动规范更加本土化和具体化，外国人长期采用的劳动准则，可能并不适用于中国市场，不能从根本上解决问题，所以怎样健全这一准则也是十分关键的。这必须由涉外企业、国际劳工组织、跨境企业和部门等进行讨论与深入研究。

（二）中国企业社会责任标准现状

近些年来，企业社会责任引起了全球各地政府部门和国际机构的高度重视，其发展趋势为促进企业社会责任准则的深入推行中国企业社会责任标准的提出，不但适应当今世界发展的形势，而且有效地推动中国各机构更好地进行社会责任工作。

随着中国加入 ISO 26000 社会责任标准建立过程，中国企业社会责任标准也在快速发展当中，并最终建立了多层次完整的社会责任体系家族。多层次，是指由包括国家标准、行业标准、地区标准、社区团体准则和企业标准等组成的全方位的具体规范系统；全面性，是指标准的内涵包含范围较广，能够为进行角色认识、实施、社会责任管理、评价，包括与有关方交流的社会责任报告等方方面面提出指引与工具，是一个为组织者承担社会责任全过程服务的规范性系统。

党的十八届三中全会通过的《中共中央 关于全面深化改革若干重大问题的决定》将履行社会责任列为进一步深化国有企业改革的要点之中，党的十八届四中全会通过的《中共中央 关于全面推进依法治国若干重大问题的决定》中，也明确提出要完善社会责任立法制度，这一系列行动再次把企业社会责任推上了一个全新的高度。国家质量监督检验检疫总局和国家标准化管理委员会颁布的《社会责任指导书》（GB/T 36000—2015）、《社会责任报告编制指导书》（GB/T 36001—2015）和《绩效分类准则》（GB/T 36002—2015）三个标准，以及由中国企业评价协会发起研究提出的《中国企业社会责任评价准则（CEEA – CSR2.0）》是对中国发展情况的一个比较全面系统的技术总结。

为确保技术标准与国际接轨，提高国际交流的效果，而且又充分考虑到技术标准内涵应当满足中国的社会经济发展现实这一情况，国家标准起草组经深入研究后确定重新修订使用《社会责任指引》（ISO 26000：2010）国际标准，并严格地遵照《标准化工作导则第 1 部分：标准的结构和编写规则》（GB/T 1.1—2009）的规定编制了国家标准。

标准的文本内容也尽量契合中国国情，且文字尽量简单。针对 ISO 26000 技术内容较多且大量重叠，可读性和可操作性都较差等一些问题，当修订或使用 ISO 26000 技术时，本规范在编制时按照"只做减法不做加法"的原则加以解决，同时也将不适用于当前国情的技术内容加以适当置换，并进行了删减。

《社会责任指南》（GB/T 36000—2015）是推荐性标准，主要内容涉及了解责任、原则、责任基础探索、有关责任发展核心主体的指引、有关把责任渗透到所有机构的指引等具体内容。为划分组织机构的责任区域，并确定相应话题和判断其优先次序，标准中给出了下列七项核心主题：在企业、权利、劳动实践、环保、公共运行实施、消费者、社会团体和发展目标。这七项核心主题下，标准又涵盖了三十一个话题。

组织的种类也多种多样，根据不同行业、公司的发展特点和所承担的社会责任，也各有不同。标准中所列举的核心主题尽管也和各种组织都有关，但其中的内容并不要求同样适合于任何种类的组织，因为核心主题下的各种议题也并不是都和各种组织有关。组织必须根据自身实践，通过与利益有关方的交流来认识并确立与自己利益有关的、最关键的核心主题和话题。标准中的社会责任核心主体，代表着一个经济社会发展时期和历史发展阶段内组织社会责任行为的各个方面，以及社会各界对组织的期待。随着经济社会的发展和时间的推移，组织社会责任所涉及的主题和话题，也将被不断发展与改变。

该标准适合于任何类别的组织。在应用准则时，建议组织充分考虑企业规模、性质、业务特点等现实情况与要求。该标准并不适用于认证目的，不涉及要求，只为企业社会责任活动而提出相应建议。

第一，从标准层次，建立了以社会职责落实、社会职责监督管理、社会责任绩效评价和社会职责报告工作为主体内容，并给予组织实施具体全面指引的全国通用的基础性系列规范。《社会责任指南》（GB/T 36000—2015）提出了社会责任及其有关术语的定义，为整个社会责任领域构建了统一和规范的基础概念体系。

2020 年 12 月 14 日颁布的两个有关社会责任体系的国家标准，一是《社会责任管理体系要求及使用指南》（GB/T 39604—2020），着眼于协助社会组织创建、执行、维持或者改善其社会职责体系，这是根据 ISO 通过的管理体系标准中的高级结构而新提出的一种社会职责体系规范，属"标准"型规范，可作为认证机构和有关教育目的；另一个是《在管理体系中使用GB/T 36000》（GB/T 39653—2020），它支持组织把 GB/T 36000 的内涵渗透到组织机构的管理制度中，以实现组织机构社会职责与绩效提升。

《责任业绩分级指导》（GB/T 36002—2015）意在为组织机构深入研究和实施社会责任绩效评价，并且继续研发符合自身要求的责任业绩指数建立统一的、标准化的技术分类框架。《中国社会责任报告编制指南》（GB/T 36001—2015）提出了编制中国社会责任报告的原则、过程和方式，意在为各级组织内部编制的中国社会责任报告进行了指导。GB/T 36000—2015、GB/T 39604—2020 和 GB/T 39653—2020、GB/T 36002—2015、GB/T 36001—2015 中，则分别明确了"为什么、如何做、做什么""怎样管""做得怎样、结果怎样"，并且通过社会责任报告是什么，怎样管理和管得怎样。

第二，各地社会责任标准和有关国家标准相对应，而且也大都具有相应的超前性。相对于 GB/T 39604，河北省于 2017 年颁发了《企业社会责任管理体系要求》（DB13/T 2516—2017），主管为河北省质量技术监督局。相对于 GB/T 36002，山东省于 2013 年颁发了《企业社会责任指标体系》（DB37/T 2452—2013）（已废止），应用于山东省中小企业实施社会责任的监察、测量、考评等。相对于 GB/T 36002，宁波市颁发了《宁波市企业社会责任评价准则》（DB3302/T 1047—2018）。相对于 GB/T 36001，山东省于 2013 年出台了《企业社会责任报告编制指南》（DB37/T 2451—2013）（已废止）。河南省于 2013 年出台了《民营企业社会责任评价与管理指南》（DB41/T 876—2013）（已废止），于 2020 年出台了《民营企业社会责任评价指南》（DB41/T 876—2020）。

为适应新形势，进一步推动准则的适用性、评价的客观性，推动社会责任评价在引导企业参与可持续发展过程中发挥更大程度的价值，经中国企业评价协会理事会研究决定对《中国企业社会责任行为准则》进行全方面升级优化。《中国企业社会责任评价准则（CEEA－CSR2.0）》创新性地建立企业社会责任门槛指标，将"法律道德""质量管理""诚实守信"三个一级指标纳入其中，同时将部分二级指标增加至三级指标，使指标更具操作性、多元性，完善了企业履行社会责任的绩效评估体系。

三、行业企业社会责任标准

行业社会责任标准，是将社会责任与国家标准和产业实际紧密结合而建立的产业社会责任规范，一般由行业协会、公司与有关社会团体联合编写，由产业主管部门批准颁布，或交由国家有关规范管理局审批。

（一）构建行业企业社会责任标准的原因

以下从行业认同感、责任感、竞争与合作三个方面介绍构建行业企业社会责任标准的原因。

1. 行业认同感

同一个行业的企业在社会责任工作中其实希望有一个得到尽量多同行认可的共同基础，这样在做社会责任工作时就可以有纵、横两个维度的比较作为提升的参照，因此在行业层面固化企业社会责任在议题范围和履责绩效方面的共识就显得非常重要。十余年前，中国纺织工业联合会在研发中国第一个社会责任行业标准时，一个最重要的契机就是很多企业向协会反映他们面对的来自客户的标准太多，需要一个统一的底线标准，而这也是很多其他行业性指南和标准产生及存在的根本原因之一。

2. 行业责任感

目前很多行业组织已经意识到他们应该做的事情之一就是如何引导行业企业负责任、可持续地发展。在行业组织意识到这一点之后，就做到了"自省"。然后他们就会思考怎么做，这就开始了一个"自学"的过程。通过自学，行业组织掌握了企业社会责任和可持续发展的理论方法，并意识到需要教会行业内的企业认识和履行社会责任，他们就开始做标准和指南，而这就是一个"自为"的过程。之后，行业组织通过各种措施来完善自身的社会责任工作机制和能力，进而使全行业能够不断地完善自身，这就是一个行业"自立"于整个价值链和整个世界的过程。所以，行业组织通过制定行业社会责任指南或标准这个"自我赋能"的过程，来提升自己引领整个行业可持续发展的能力，而该能力不通过彻底的觉醒是很难获得的。

3. 行业竞争与合作

一个行业的行为规范并不能够穷尽社会责任方面一切可能的规定，组织可按照企业实际能力和发展需求适用更加规范的社会责任行为规定，补充或适应其他的社会责任行为规定。但是只有保持标准在行业内独有的特点和地位，同时发挥出标准真正的影响力，才可能与其他国外标准进行竞争并做到互补。

（二）代表性行业

由于行业分类众多繁杂，在此仅选择几个代表性行业进行简要叙述。

1. 互联网行业

为进一步落实党的十九届五中全会精神，贯彻《中华人民共和国电子商务法》《关于推动平台经济规范健康持续发展的若干意见》等文件精神，进一步规范企业网络交易活动，维护良好市场经济社会秩序，增强社会责任，增强产业社会自律，推进网络平台经济建设发展，2021 年 1 月 14 日，在中央网信办、国家发展改革委、市场监管总局等部委指示下，组织平台经济领域信用建设合作机制（以下简称合作机制）成员单位，进行了互联网平台企业共建的联合行动，具体执行以下重点任务。

（1）研究制定互联网平台企业社会责任标准。协同相关的标准化组织和网络平台公司，依据《社会责任指南》等国家标准框架，落实《中华人民共和国电子商务法》等法律法规，聚焦网络平台发展中面临的突出矛盾与问题，制定互联网平台企业社会责任标准，从"制度建设""产品/服务责任""经营责任""企业文化""负面影响"等维度对互联网平台企业履行社会责任进行规范。

（2）组织开展互联网平台企业社会责任评估。依据互联网平台企业社会责任标准，对互联网平台企业履行社会责任情况进行调研评估，编制发布《互联网平台企业社会责任研究报告》，总结互联网平台企业履行经济、法律、文化等方面社会责任建设概况、特点、实践，评价其企业制度、技术、文化等方面工作举措，梳理社会责任建设突出问题，为加强互联网平台企业社会责任建设提供对策建议。

（3）组织实施互联网平台中小企业社会责任建设的宣传活动。围绕互联网平台企业社会责任建设主题，聚焦《中华人民共和国电子商务法》等法律法规要求，坚持正面宣传和舆论监督相结合，开展互联网平台企业社会责任建设宣传活动，营造良好社会氛围，推动平台企业健康发展。

（4）组织实施新时代科学文明社会主义践行教育培训项目和活动。以习近平新时代中国特色社会主义思想为指导，学习贯彻中办、中宣部等有关文件精神，以新时代社会主义文明践行中心建设试点区域为主要根据地，组织开展新时代文明践行教育培训，积极传播党的政策、主流价值，组织有关部门、互联网企业交流新时代文明实践工作经验，引导互联网企业围绕国家文明实践战略，践行企业社会责任工作，开展志愿服务工作，提高企业志愿服务人才队伍建设。

2021 年 10 月 29 日，国家市场监督管理总局发布了《互联网平台分类分级指南（征求意见稿）》（以下简称指引），指引把国内网站信息平台分成六大类，即网上商品销售类网络平台、生活服务业类网络平台、社会网络娱乐类网络平台、网络信息类网络平台、金融服务类网络平台、统计研究类网络平台；把网站信息平台分成超级网络平台、较大网络平台、中小网络平台三个级别。其中，超级网络平台在中国的上年度年活动用户不小于 5 亿人；核心主营业务最少包括两类网络平台主营业务；上年底股价（评估）不小于 1 万亿元；网络平台具备超强的控制商户接触主要消费者（用户）的力量。与此同时，指引还规定了网络平台运营商禁止进行垄断协议、滥用市场支配地位等独占活动；禁止使用手段，或者采取危害使用者选择权利的其他方法，进行阻碍、损害其他生产经营者合法提供的网络平台商品和其他业务正常运营的不正当竞争活动；禁止以合并个人数据为目的，引导、强制使用者重新注册或利用自身提供的其他业务信息等。

互联网平台分类与分级后，明晰了平台的主体责任，也明晰了监管所适用的法律，便于未来的细化管理。此外，对互联网生态监管的不断细化完善，将有利于国内互联网企业"出海"，为对等监管、对等开放、国际合作做好充分的准备，进一步释放未来跨国数字贸易的发展潜力。

2. 电子信息行业

电子信息行业制定了《电子信息行业社会责任指南》（SJ/T 16000—2016）技术标准。该指南由电子工业标准化技术协会社会责任工作委员会组织相关机构和企业共同起草。主要包括中国电子工业标准化技术协会、中国纺织工业联合会、电子技术标准化研究院等，由我国工业和信息化部颁布。在 GB/T 36002 基础上，《合格评定企业社会责任评价指南》（RB/T 179—2018）技术标准的主管是国家认证认可监督管理委员会，并提出了有关社会评估准则、评价指标体系、分级标准和评估方式，以及评估管理工作的具体指导。为各级组织和各有关方评估机构的社会责任管理与绩效提供了指导，并可作为第三方对机构的社会责任管理与绩效进行评估。

《电子信息行业社会责任指南》在研制过程中不仅成立工作组及专家编制队伍，还召开两次工作组的专题会议讨论标准议题，而且又在各地组织六场专门的意见征询会，对征集到的近百家企业和组织的近三百条意见逐条讨论后形成标准报批稿，最终由所有成员单位函审表决通过。参与的程度取决于严格的标准制定流程，这也保障了程序上的合法性。

《电子信息行业社会责任指南》不仅借鉴了 ISO 26000、GB/T 36000 等国外社会责任规范，同时也参照了工经联、中纺联等有成熟经验的行业组织的准则和指南，但最为关键的一条原则是，在标准研制之初中国电子工业标准化技术协会所确定的基本准则是指导国家行业标准，立足建设我国电子制造业强国和信息网络强国的战略大局，坚持问题导向和发展导向，反映社会公众所关心的重点领域和电子信息产业特点。

3. 医疗行业

中国医药公司发表社会责任报告的速度开始迟滞，广州市白云山和记黄埔中医药公司于 2008 年推出了中国医药行业的第一份社会责任报告，并开创了中国医药公司集体发表社会责任报告的先例。2009 年后，以上海复星医疗为代表的中国医药公司也开始定期地向社会公众发表社会责任报告。中国医疗上市公司的社会责任报告数量自 2009 年时虽然处于上升趋势中，但上升速度并不快。2007—2015 年，在中国 240 家医疗上市股份公司中累计仅有 47 家发表过社会责任报告，仅占 19.58%。中国制药百强企业社会责任报告公布的数量却不多，仅为 21 家，占比 21%。

基于医疗领域特点的社会规范制度还没有形成，许多医药企业对其应履行的社会责任内容并不了解甚至产生社会错觉，从而造成公司在承担、回顾、评价社会责任内容时往往没有指引，甚至部分公司由于社会责任内容不足而出现了重大责任事故。但中医药企业社会责任报告信息发布也由于执行规范差异、信息发布的内容差异，以及评价制度差异而出现企业社会责任意识淡漠、企业公开信息内容不全、架构不清晰、内容拼凑，甚至没有定量信息发布标准等问题。

《中国医药企业社会责任实施指南》由中国医药企业管理协会、中国化学制药工业协会、中国医药商业协会、中国中药协会、中国非处方药物协会、中国医药保健品进出口商会、中国医疗器械行业协会、中国外商投资企业协会药品研制和开发行业委员会八大行业最有影响力的协会共同发起，由复星医药、海正药业、石药集团、绿叶集团、浙江医药、科伦药业、珍宝岛药业七大在医药行业具有代表性的企业作为发起单位，由中国药科大学、北京中医药大学、北京物资学院等单位的企业社会责任研究专家作为智库支持，由《E 药经理人》杂志负责策划执行。在历时一年的调查研究中，行业协会专家学者、政府社会责任专家与企业社会责任专家等构成的专家组访问了 12 家包括生化医药公司、原料药企业、中药公司、生物制药集团、药品商贸公司、大医药集团等行业内较有具代表性的公司，与 130 余位公司最高管理人员和公司产品运营等方面的专家学者以面对面的方式展开深入采访，共产生了 85000 余字的采访录音。采用大量统计分析、企业走访、问卷、案件调研等多种方式，对我国制药领域中企业经济社会职责的基础理论、状况、具体报表、评价指标体系等主题作了广泛、深刻地研讨，从企业社会责任管理、企业可持续发展负责、产品安全负责、劳动关系社会职责、EHS、全价值链产业与生态圈、客户服务社会职责、企业个人权益承诺和社会公益性负责九大层面，构建了富有中国医药企业特色的企业社会责任指标，构成了 30 余万字的《中国医药企业社会责任实施指南》。

《中国医药企业社会责任实施指南》为中国医药公司的社会责任制定、评估提出了依据规范，为中国医药公司的社会责任报告编制提供了指引，对推进中国医药公司的社会责任建设有重大指导意义。

第四章　企业社会责任标准认证

第一节　国际企业社会责任标准认证概述

一、SA 8000 国际企业社会责任

（一）产生背景

现如今，在发达国家，企业的劳工标准与国际贸易、对外投资有一定的联系，因此，跨国企业的劳工问题成为焦点，颇受消费者和投资者的关注。他们分别运用"良心购买权力"和"良心投资手段"，对跨国公司施加重大影响。20 世纪 80 年代以来，欧美社会兴起了一场社会责任运动，该运动要求企业在谋求利益最大化的同时，也要考虑劳动者的权益。据报道，非政府组织、大众媒体和社会工作等都对跨国公司的劳工问题非常关注，1999 年，美国的道德投资超过了 2 万亿美元；各类组织为了避免跨国企业及其在发展中国家的合作工厂通过"血汗工资、血汗工厂"等一系列手段来疯狂地谋求利益，通常会选择"游街""抗议"等方式给跨国公司施加舆论压力，迫使他们放弃这种获取暴利的方式。SA 8000 就是这一背景下产生的，迫于消

费者日益增大的压力，欧美各行业组织和非政府组织为了能够在激烈的市场竞争中完整地保存下来，制定了各种各样的社会责任规则，但是在实际操作中由于规则的内容并不完全相同，不具备统一的道德标准，因而缺少可比较性，这就需要更多的人力、物力和财力来保障规则的顺利实施。但是这种内部的规则机制在运行和监督方面不能够公开透明地向公众呈现，因此，制定一个统一且通用的社会责任标准成为大势所趋，与此同时，独立的认证机制更能提高在社会责任审核过程中的公开和透明程度。

1996 年，瑞士的一个非政府机构曾提议由国际标准化组织建立 ISO 2100 社会责任管理体系标准用于第三方认可，却遭到了拒绝。瑞士通用公证行国际认证部（SGS Yarsley ICS）执行董事雷吉（Reg Easy）和美体国际公司（Body Shop）的社会审核部高级经理大卫·惠勒（David Wheeler）的一次对话提出了 SA 8000 准则，在谈话中所诞生的用于第三方机构认可的社会责任标准也得到了 SGS 的大力支持。SGS 的吉姆·基根（Jim Keegan）在 1996 年 6 月举办的会议，参会人员主要来自美国和欧盟各国的企业与非政府机构，该大会重点探讨建立社会责任标准的重要性，在研讨会上参会人员关于建立一项可进行评估的社会责任标准这项提议全票通过。

1997 年，美国经济优先权认可委员会（Council on Economic Priorities Agency，CEPAA）正式成立，自成立以来该非政府组织便对社会责任进行深入的研究，因此在制定社会责任标准的过程中经济优先权认可委员会提供了很多帮助。经济优先委员会在成立当年就设立了 CEPAA，并专门负责制定社会责任标准，经济优先权认可委员会在评估认证机构时都严格按照《质量体系评定和认证/注册机构的基本要求》（ISO/ICE 指南 62）进行评估，看其是否达到标准。社会责任国际（SAI）就是 CEPAA 的前身，于 2001 年后者正式更名，而 SA 8000 也是该机构设立的。SAI 中有 28 位顾问委员会成员，其中包括会长在内的 1/2 的成员来自美国，而只有 1 个成员来自亚太地区。另外，关于表决权的问题，顾问委员会中的 6 个人都只能在正常成员缺席时才能够进行投票，所以委员会在一般情形下可以有22个成员参加投票，而来自美国的每个成员也都享有投票权，占据了一定的主导地位。该组织得到了克林顿政府的帮助，并要求所有签订合同的供应企业必须尽可能满足对SA 8000认证的需求。

SAI咨询委员会组织制定了社会责任标准，它是由来自11个成员国的20多个大型商业机构、非政务团体、工会、人权和儿童权利机构、学术团体、会计师事务所和认证组织共同组成的。SAI在美国纽约举行的第一届大会上，就提交了国际标准草稿，开始时称SA 2000，最后命名为SA 8000认证社会责任系统标准（Social Accountability 8000），并于1997年10月首次公开发布。

SA 8000，也称为社会责任国际标准，作为一个新兴管理规范系统能够在很大程度上保障员工的工作环境与条件和劳动者权益等。该标准坚决反对把贸易与劳动标准挂钩。从中国经济和社会发展状况出发，应积极参加国际劳工组织关于贸易与劳工标准、经济全球化的讨论，但坚决反对发达国家将贸易与劳工标准挂钩，团结其他发展中国家，共同反对发达国家以实施社会责任管理体系SA 8000为名的贸易保护主义。

（二）特点

1. 对资本权力的制约

SA 8000标准是从道德层面来约束资本权力，以劳工为核心来解决实际问题。因此，SA 8000对劳工就是一个保护罩，重新赋予劳工足够的存在感，避免出现工资不合理、超强度劳动、危险的劳动环境、雇用童工、体罚等其他侵犯劳工权益的现象发生。

2. 强调对员工权益的保护

SA 8000标准对企业也有一定的要求，企业需要对社会和利益相关者负责，标准中对工作环境、员工健康和安全、员工培训、薪酬、工会权利等具体问题提出了最低要求。说到底这其实是一种道德约束，也是一种隐形的市场力量，目前越来越多的大型企业已经转变了观念，他们要对自己的员工和产业链上所有的员工负责，因此他们会定期对下游产业链进行劳工权益评估和监督。

3. 产品出口新壁垒

SA 8000 标准的颁布也存在一些不利因素，作为以劳工为核心的标准，在具体实施过程中容易被扭曲，在一定程度上会有人利用维护人权和社会责任这一标准，要求企业出于人道主义原则针对工人的工作环境、薪酬等进行改善，借此增加企业在人力方面的投入，发展中国家自身的主要优势就是拥有充足的劳动力，但这方面的成本增加就会导致发展中国家在产品出口中只能赚取微薄的利润，这就会对发展中国家有不利影响，在出口过程中受到限制，从而成为一种贸易壁垒影响发展中国家的发展。

（三）意义

1. 协调劳资关系

SA 8000 标准更好地协调了劳资关系第三方认证，与公司内部制约相比相对公开透明，那么企业通过第三方认证后可以使企业承担本应该承担的社会责任，为达到认证的标准，员工的工作环境也会作为检查的重点，从而使劳工的权益得到保障。SA 8000 把人本管理、商业道德和精神文明等从抽象到具体，进一步规范企业道德行为，使人本管理、人文关怀和人性化在实际运用中更清晰、可比、易操作。并且 SA 8000 认证的时间长，认证的程序严格，企业能够在认证的过程中不断完善自己的劳动条件，而定时的复查可使劳动关系的改善长期化，使提高劳工标准的制度能够持续。企业在层层审核后才能通过 SA 8000 认证，因此，企业工作环境、工作时间和工资等方面已经有了一定的保障，所以，SA 8000 能更好地服务于劳工权益。

2. 实现企业社会责任与经济绩效的共赢

SA 8000 标准让企业实现企业社会责任与企业经济绩效共赢。作为企业而言，尊重自己的员工，提供良好的工作环境，重点关注员工的待遇和福利在一定程度上能够提升员工的集体荣誉感，降低企业人才的流失，让员工安心工作，充分发挥员工能动性，更有利于员工在其工作岗位上实现自我价值，更有利于企业吸纳更多优秀人才，从而提高企业的总体生产效率；另外，企业这种良好的氛围对自己的形象和声誉有很大的帮助，企业的形象有利于拉近与外部利益者的关系，使合作方能够更容易了解到企业的相关信息，便于双方交易顺利进行，与各个利益相关者形成持久稳定的贸易关系，为企业自身带来更多外部投资，使企业在同行竞争中有更大的优势，从而为企业的可持续发展贡献出不小的力量，最后企业在盈利和履行社会责任的同时获得更多的利润和更高的声誉（李刚强，2008）。

3. 建设和谐社会

SA 8000 标准更有利于建设和谐社会。企业为了通过认证就必须在日常运营的过程中也创造社会价值，履行社会责任，例如恪守商业诚信道德。因此，员工的整体工作环境得到了改善，提高了工作效率，从而能更好在各自的工作岗位上发挥力量，最终收入的提高让员工的整体生活水平也上升一个程度。由此看来，SA 8000 标准的颁布能够更好地促进我国和谐社会的建设（李刚强，2008）。

（四）主要内容

SA 8000 的核心内容是维护劳工权利与发展。SA 8000 标准主要从消除童工、禁止歧视、废除强迫劳动、结社自由和集体谈判四项基本劳工权利以及工资、工时、职业安全、社会保险、员工福利等方面开始审核。SA 8000 的每一项要求都是我们每一个劳动者、每一位企业雇员所期盼的，并应该享受到的最基本的权利。这些都是从维护劳动者基本社会保障权益以及保护就业环境的角度设计的，因此能在有限程度上避免侵害劳工权益的发生。

（1）童工。儿童应该在当地接受义务教育和青少年教育，任何单位都不能使用或支持使用童工，也不能让儿童处在危险或不健康的工作环境中。

（2）强迫性劳动。企业既不能使用或鼓励使用强制劳动力，也不能要求职工在雇用起始时间支付"押金"或寄存个人身份证件。

（3）健康与安全。企业职工应当掌握防止各类工业与生活特定危害的基本知识，为员工提供卫生、健康的环境，并采取必要的措施，以尽可能地减少日常工作中的危险隐患，并尽可能避免工业意外或伤亡事件的出现。为企业全体员工提供健康安全的生活环境，包括清洁的卫生间、厕所、可饮用的水源，清洁舒适的职工宿舍，健康的食品存储设备供应等，同时公司定期给员工进行健康安全培训，避免出现危害员工安全的潜在威胁。

（4）结社自由和集体谈判权。企业应当尊重每个职工自主组织和参与职工的集体协商的权利；同时确保职工代表不受歧视，在工作环境中可以接触工会的会员。

（5）歧视。企业不得因种族、经济社会层次、国籍、宗教、身体状况、残障、性别、性取向、职工会员、政治归属或年龄因素等，而对职工在录用、薪酬、培训机会、晋级、解职或辞退等方面的歧视行为。

（6）惩戒性措施。公司法律禁止进行或支持的体罚、精神或肉体威胁和其他语言羞辱。

（7）工作时间。公司按规定，员工标准工作周不得经常超过 48 小时，同时，员工每 7 天至少有 1 天休息时间。所有加班工作应支付额外津贴，任何情况下每位员工每周加班时间不得超过 12 小时，且所有加班必须是自愿的。

（8）工资报酬。企业供应给雇员的薪酬不应当低于法律以及国际行业标准明文规定的最低标准，而且还应当能够保证雇员的基本需要，并以对雇员最便利的多种形式如现款或支票等供给，公司对于薪酬的扣缴方式不得是惩戒性的，并应当确保定期向雇员明确详尽地列出薪酬、工资构成，并确保公司不得采用单纯劳务性的合同组织以及虚伪的学徒工管理制度，或规避公司相关法令中所明文规定的公司对雇员所应当尽的权责。

（9）管理系统。高层管理阶层须依照本准则，建立公平透明、在所有层面上均可理解与执行的合乎社会责任和劳动要求的企业政策，并为此定期评估；委派专职的资深管理代表具体负责，同时由非管理阶层自选出代表与其沟通，设立适当的程序，并证明所选定的供货商和分包商均合乎本准则的条款。

（五）认证流程

（1）公司提交申请书。公司需要针对认证的条件对自身存在的问题进行改善，当已经确定前期准备工作没有问题后就可以将认证申请书上交给相关机构，当然公司可以先提交申请，并结合认证机构给出的建议来准备资料。

（2）评审和受理。认证机构在进行认证中首先针对申请书的内容进行审核，内容是否符合决定认证机构能否受理该项申请。

（3）初访。认证机构对公司审核之前首先要对其进行实地考察，针对考察的实际情况确定后续审核的具体事项。

（4）签订合同。在确定好审核遵守的规则后，与公司沟通具体的审核范围、报告审核的具体内容、审核时间以及审核工作量，当这些前期工作一切就绪后双方正式合作，签订合同，按规定交付申请费用。

（5）提交文件。合同签订后，被审查方应向验证机关提供管理信息手册、程序文本和主要背景相关材料，以供验证组织开展有关文档预审。

（6）组成审核组。认证机构应当自双方正式签订合同后，确定在整个认证阶段审查的负责人，同有关审查人员一起成立审查工作组，进行准备工作。

（7）文件预审。一般由审查小组的组长来负责，在审查过程中如果发现社会责任管理文件中存在严重问题，可通报给被审查方以及委托人，由被审查方加以整改或再次提交文件。如果文件中无严重问题，可进行准备或正式审查。

（8）审核准备。审核组长协同成员一起制订审核计划，确定审核范围和具体安排，编制现场审核检查表。

（9）预审。为了保证一次性通过审核，委托方可以要求认证机构预审，以便及时采取纠正措施。

（10）认证审核。相关认定机构在评估流程中必须根据之前的规划实施。

（11）提交审核报告和结论。审核结果可能有三种结论，即推荐注册、推迟注册及暂缓注册。

（12）技术委员会审定。对审查组建议申请的企业，认证组织技术委员会审核能否通过注册，如未经通过则需要再次审查。

（13）批准注册。认证机关对审核通过的企业核准登记注册。

（14）颁发认证证书。认定机关向经核准登记的企业核发 SA 8000 认定合格证书。

（15）获证公司公告。SAI 在收到相关认证机构提出的备案后公布在网站上。

（16）监督审核。公司获得认证后仍然需要接受相关认证机构每半年一次的审核监督，证书三年有效期到期后还需要复评。

（六）最新版 SA 8000（2014）

SA 8000 是根据国际劳工组织公约，多边人权宣言和联合国儿童权益公约制定的，涵盖行业和企业规范，可以对企业社会责任进行衡量，是第三方认证的国际标准，它不受地区、行业和公司大小的限制，SAI 为了保证标准能适应时代的发展，适用于各类企业，因此每五年都会进行修订。从最早发布来看，SA 8000 经历了三次修订，分别在 2001 年 12 月 12 日修订的 SA 8000：2001、2008 年 5 月修订的 SA 8000：2008 以及 2014 年 7 月修订的 SA 8000：2014 标准。

二、ISO 26000 社会责任指南

（一）产生背景

20 世纪初以来，随着经济的发展和社会的进步，全球的环境也越来越差，劳工、消费者利益、品质管理等社会问题也层出不穷。基于这些情形下，全球企业社会责任运动进一步发展，开始只面向公司，并提倡企业社会责任，其中大部分包括在技术领域，而许多产业或公司也开始建立生产准则，以约束供应商与劳工利益有关的生产活动。但是，自己制定的守则往往会面临不通用、不被其他企业认可的问题，这样就会出现一家供应商需要适应各种各样不同类型的公司制定的守则，容易带来更多的交易成本和麻烦。与此同时，一些官方的民间机构也意识到这个状况，并采取相应的行动。国际劳工组织（ILO）在 1990 年极力推广国际劳工标准，联合国全球契约办公室在全球契约十项原则的基石上由联合国提出建立，SAI 于 1997 年发布了国际社会责任准则（SA 8000）并被应用于第三方认证。

尽管 SA 8000 的颁布在一定程度上促进了社会责任的发展，但是仍然存在一定的局限性，这些标准等都是以某一项进行改进，就比如 SA 8000 更侧重于劳工问题，忽略了其他方面的问题，不够完善，于是 ISO 所属的消费者政策委员会（COPOLCD）提请 ISO 制定企业社会责任相关的标准，战略咨询组（SAG）为此做了充足的考察，于 2004 年由技术管理局（TMB）决定开发 ISO 26000 社会责任指南，并在 2005 年正式实施项目计划。为此，成立了专门的项目委员会，吸收了 500 多名全球专家的知识投入，80 多个国家一级国际组织和消费者团体等机构作出贡献，这五年来，项目组的成员夜以继日，不断商讨修改，最终，该项目达到了世界各国之间（包括发达国家和发展中国家）以及利益有关各方之间的广泛共识。在此基础上，于 2010 年 11 月 1 日，国际标准化组织在瑞士日内瓦国际会议中心举行了主旨

为"共担责任，实现可持续发展"的社会责任指南标准的发布仪式，并及时宣告自即日起将全面推出《社会责任指南》（ISO 26000）。

（二）特点

1. 用社会责任（SR）代替企业社会责任（CSR）

以前的标准都是针对企业或者某一劳工方面的，而 ISO 26000 为此进行了完善，该指南对于社会中任何类型的组织和企业都可以适用。2010 年 ISO 26000 发布时秘书长罗伯·斯蒂尔（Rob Steele）在采访中曾说过，在工作组最开始讨论的时候也只是针对企业的，但随着不断地深入，我们发现企业社会责任中的组织管理、人权、劳工实践、环境、公平运营、消费者权益、社会参与和发展这几个主题不仅是针对企业，也可以用来衡量公共部门，因此将 CSR 推广成为 SR。另外，从 CSR 到 SR，这也令指南所覆盖的区域更大，由此在企业社会责任中也显得格外重要，同时对于 ISO 而言，也是一次巨大的突破，首次跻身于社会责任标准的领域。

2. 适用于所有类型的组织

ISO 26000 的覆盖范围从企业扩展到各类组织，如各种公有组织以及发达国家、发展中国家和转型国家的各种组织，但是不包含履行国家职能、行使立法、执法和司法权力，为实现公共利益而制定的公共政策，或代表国家履行国际义务的政府组织。

3. 不用于第三方认证

ISO 26000 作为企业社会责任指南，它并不属于管理的体系，因此与规定和合同并不相同，不能用于第三方认证，所以也不存在关于提供 ISO 26000 认证或者声称可以取得该认证。

4. 为社会责任融入组织的可操作性建议和工具

该指南的几个重点篇章研究了融合社会组织的方式，并提出了具体实施的操作性意见，在指南的附录中也提供了自愿性的鼓励措施与负责操作的指导工具，以便把社会组织的责任愿望转化为具体实践行为。该指南一直在努力促进组织的可持续发展，使组织意识到守法是一个组织的职能与责任的重要核心组成部分，从而促进组织做更多属于道义层面上的道德义务。该指南也加强了在社会责任应用方面的广泛社会合作共识，而且增加了一些与责任相关的主要技术工具和先例，而不是代替了过去的研究成果。

5. 利益关联方的广泛参与和独特的开发流程

《社会责任指南》在编写的前 5 年中，共有来自 99 个国家的 400 多名专业学术参加研究管理工作，与市场有关的社会利益有关单位被分为六大工作组：政府、产业界、消费者、劳资（职工）、非政府机构和技术、金融，这六大工作组又各自成立了六大工作团，各组内部形成自己的看法，并在内部互相探讨，最后形成统一看法。由此可见，如此广大的权益相关方参与确保了指南的科学合理与权威，也成为它最后高票通过的关键点。

由于 ISO 26000 标准拥有自己的开发过程，因此 ISO 在科技管理局下直接设立社会责任工作组（ISO/WGSR），工作组主席均由来自巴西和瑞典的专家共同担任，以此来平衡发展中国家与发达国家之间的社会利益，将工作组员分为六大利益关系方，并在地区与年龄性别上维持平等，由各会员国通过社会利益关联管理工作组推举专家研究学者，并在各国成立了对口的董事会，并且，还设立了其他基金保障国家的积极性。由此实现了共享收益联系各方面的平等，对于最后实现国家层面与利益相关方层面的共识充分发挥了重要作用。

6. 发展中国家的广泛参与

为了保持发展中国家和发达国家在工作组中有公平的领导地位，主任由发展中国家和发达国家的专家联合出任，发展中国家在此次标准实施过程中起到了很大的作用，具体表现为，组织开发研究项目的 99 个成员国中，2/3 的为发展中国家。

7. 差异性原则

ISO 26000 总则中提出，采用指南时，明智的国际社会团体必须全面顾及经济社会、环境、法律、文化、政治及组织的多样性，同时在与国际标准一致的前提条件下，兼顾各种经济发展环境要求的多样化。

（三）意义

据了解，国际标准化组织所制定的标准都是自愿性的，因此全球各国政府和各机构都可以按照自己的实际需求，自由选择是否采用 ISO 26000。在充分尊重多样化与差异化原则的前提下，ISO 26000 的主要技术内涵突出了组织人员必须遵纪守法、尊重人权、关爱雇员、保护消费者、热衷社会公益、爱护自然环境，以及为社会、经济与环境保护领域的可持续发展所作贡献等，因此 ISO 26000 的发布意义重大，主要体现在以下几个方面。

将企业社会责任推广到任何形式组织的社会责任中（即 CSR→SR），在世界统一了社会责任的定义，进一步明晰了社会责任的原则，明确了公司实现企业社会责任的内容主要问题，并阐明了以公司可持续健康快速发展为主旨，把社会责任融入组织发展战略与公司经营实践活动中的具体方式。ISO 26000 系统总结了企业社会责任的特征与基本方法，体现了企业社会责任的最好实现与发展。ISO 26000 是国际各个组织利益方代表对社会责任问题取得了基本合作共识并做出具有发展趋势的结果。因而，也可以说 ISO 26000 是我国企业社会责任进步的里程碑和新起点。

为推动国家转变发展方式，更多地进行可持续性经济发展工作。在环保部分条款上，根据污染、可继续使用资源、气候变化、环境保护与修复等主要社会实际问题，提供了可持续性采购、可持续教育、节水减排等具体实施方案，来保证企业组织内行动的全面；在中国消费者问题条件上，突出了"可持续消费"，规定在所有居民消费环节实现可持续性使用；在社区居民积极参与和经济健康发展条件下，规定不损坏社会资源和自然环境，保护和支持经济社会的可持续性健康发展等。上述条件标准较高，在很大程度上有助于推动中国技术的创新发展和经济产业升级，为中国经济发展管理模式由"粗放式"向"集约式"的高速健康发展提出了指引方向。

能为公司节约认证的费用。社会责任标准在国际上保持一致，在进出口环节就可以省去很多复杂的工序，避免重复认证，从而降低产品的成本价格。

拓展了社会责任的范畴，加强了社会责任的监督力度。将中国社会职责担当的范围从任何标准的"公司"拓展到"全部的组织"，将最大限度地改变中国责任承担的总体发展布局，将更加全面地规范企业组织的责任承担活动，并将在实施过程中产生更多的第三方企业的多途径监督方法，可能包括主管部门、行业学会、组织、管理咨询公司、媒体等，从而使得责任承担实际被置入较过去更为严格、全面的经济社会监督工作环境当中。

促进中国对外贸方式的改革。国际贸易发展方式由数量扩张型向品质效益型的转化。

（四）主要内容

ISO 26000 是由国际标准化组织所提出的，为各种机构的社会责任活动提出相应指引的一个标准。在 ISO 26000 中将社会责任（Social Responsibility）界定为"通过透明度原则和职业道德的行动，组织机构为其决策和活动所给经济社会和环境带来的影响承担的责任。这种透明度的和职业道德行动将推动可持续健康发展，包含健康和社会福利，并顾及利益有关各方的共同期望，以符合所适用法律同全球的行动规则保持一致，融入整个组织并践行于其各种关系之中"。ISO 26000 的设立目的是确定社会责任的具体概念和内容，并重新统一了各界对社会责任的认知，为企业组织承担社会责任提供了可借鉴的指导。

ISO 26000 主要包括以下内容。

1. 与社会责任有关的术语和定义

强调本标准应为任何类型机构提供指导，而不管其规模大小以及所处何地。这同时也强调了社会责任的概念可以适用于任何机构，除了在行使主权职能时的地方政府之外。

2. 与社会责任有关的背景情况

非直接与社会责任联系起来的一般术语；直接与社会责任联系起来的一

般用语。前者包含 13 个术语，其中内嵌于社会责任概念中的通用术语有 4 个，依次为组织、产品、服务和环境；后者则包含 14 个术语，其中内嵌于社会责任概念中的特殊术语有 10 个，分别为社会责任、组织影响、担责、透明度、合乎道德的行为、可持续发展、利益相关方、利益相关方参与、国际行为规范、影响范围。

3. 与社会责任有关的原则

担责原则，即组织必须对于其决定和活动所对社会产生的总体环境影响负责；透明度原则，即组织在对于其危害社会和环境影响的具体决定和活动方面都必须公开；道德行为原则，即组织的活动应当随时随地符合职业道德；尊重利益相关者的共同利益准则；尊重法治准则；尊重国际行为规范准则；尊重人权原则，承认人权的重要性和普遍性。

4. 社会责任核心主题和问题

担责、透明度、符合职业道德的行为、重视利益相关者的权益、尊重法治、尊重国际行为规范、尊重人权七大社会责任基本原则。

5. 处理利益相关者方面的问题

主要涉及公司内部对其社会责任的理解，以及对其他利益相关者的理解和参与；与此同时，还针对社会组织、利益相关者与社会之间的相互关系以及认识社会责任的核心主题和问题，及其对组织的影响范围这 3 个方面进行了指导。

6. 社会责任相关信息的沟通

ISO 26000 中，组织承担的责任要兼顾以下 7 个主要方面：公司治理、人权、劳工实践、环境、公平运营实践、消费者问题、社会发展。

第一，公司治理。主要描述的是一个公司管理体系如何设立以及如何提高管理效率，以实现更易执行的更好决策；改善公司表现；更好地确定和管理风险与机遇；更加关注对利益相关者产生的影响；对公司的决定和行动的信任以及更广泛的接受。

在原则和意见方面，草案列举了以下 5 个角度：遵守法律、承担义务、透明性、道德行为和对利益相关者及其顾虑的认可，组织5个角度分别作为组织管理的5个问题，就每一个问题，给出组织应该如何做，如何展开行动的具体的意见。

第二，人权。主要参照《世界人权宣言》和有关人权的两个国际公约。其中人权包括公民和政治权利、社会经济和文化权利、弱势群体权利以及工作中的基本权利。

第三，劳工实践。劳工实践包括就业和劳动关系、工作条件和社会保障、职业安全卫生以及人力资源开发等。

第四，环境。保护环境包括承担环境责任、采取预防性方法、采用有利环境的技术和实践、循环经济、防止污染、可持续消费、气候变化、保护和恢复自然环境等。

第五，公平运营实践。公平运营实践是要通过鼓励公平竞争，提高商业交易的可靠性和公平性，防止腐败和推进公平政治进程这些方式，来营造一个良好的组织运作的外部环境。在该部分的具体问题中，主要包括反腐败和行贿、负责任的政治参与、公平竞争、在供应链中促进社会责任以及尊重财产权等。

第六，消费者问题。消费者问题包括公平营销、信息和合同实践、保障消费者健康和安全、消费者信息和隐私保护、接受基本产品和服务、可持续消费、教育和意识等。

第七，社会参与和发展。当前对社会组织履行社会责任的事项进行归纳整理，主要包括参与社会发展、对经济发展作贡献等，这些事项的整理既是对过去社会责任活动的经验总结，也是未来一个时期社会责任活动的方向。

7. 提供社会责任实践指导

关于在整个组织中整合社会责任的指南，为组织实践社会责任提供指导，这包括以下方面的指导：了解一个组织的社会责任，将社会责任融入整个组织，与社会责任相关的沟通，提高一个组织在社会责任方面的可信度，检讨进展及改善表现，并评估自愿性的社会责任倡议。

ISO 26000 中，组织开展社会责任活动所需遵循以下原则。

第一，应用该标准且遵守国际行为规范时，需充分考虑社会、环境、法律、文化、政治和组织的多样性以及经济条件的差异性。

第二，遵循七项核心原则，包括担责、透明、良好道德行为、尊重利益相关方的关切、尊重法治、尊重国际行为规范、尊重人权等。

（五）设立目的

ISO 26000 声明，但这个标准中的"组织"不包括行使国家职责，而是包括行使立法、行政和司法权力，为实现国家公共利益而实施的公共政策，并代表国家承担国际义务的行政组织；其设立目的是促进世界经济可持续发展和公平交易，而反对把其视为国际贸易技术壁垒的工具；它既不是管理体系规范，也不宜作为认证目的，因为所有针对 ISO 26000 标准的证明以及相符性申明，均将作为对该标准的误用。

三、SA 8000 和 ISO 26000 两者比较

以下将两个标准进行对比。

（1）发起组织不一样，SA 8000 是 SAI 咨询委员会发起，而 ISO 26000 由 ISO 发起。

（2）SA 8000 更多的是侧重于维护劳工的权益，保障劳工的工作环境以及劳工的待遇问题。ISO 26000 主要是侧重于各类社会组织在生产与活动中的社会责任问题，重点在明确社会责任范围、理解社会责任、社会责任原则、承认社会责任与利益相关者参与、社会责任核心主题指南、将社会责任融入组织指南等方面，统一社会各界对社会责任的认知，为组织履行社会责任提出一种可参考的指引性规范，提供一种把社会责任融入组织实践的指导准则。

（3）SA 8000 多为企业客户要求执行，没有达到要求可能会禁止出货或

接单，而 ISO 26000 多为企业或组织自主申请执行。

(4) SA 8000 是一个可认证标准，ISO 26000 不是一个可认证标准。

第二节　我国企业社会责任标准认证与案例研究

一、GB/T 36000—2015

（一）背景

社会责任越来越受到全球各地政府部门和国际机构的高度重视，其发展趋势主要以促进社会责任规范的深入推行为主要特点。我国的社会责任准则，不但适应了当今世界社会发展的新趋势，而且将推动我国社会各级组织更好地进行社会责任工作。

因此，由中国标准化研究院组织申报了国家企业社会责任标准的制订计划，国家标准化管理委员会在 2012 年通过了该标准项目的制订计划（项目编码：20120660 - T - 424），由中国标准化研究院归口并负责起草工作。鉴于该标准涵盖面包括了国际人权、劳工、环境、消费者等众多专业范围，其大部分用户均为不同行业、各种规模的公司，所以，为更好地进行该国家标准的编制管理工作，并使得国家标准制定管理工作组的构成更具有代表意义，标准起草组特别邀请了政府有关部门的专业人员，并且增加了劳工、劳工保障等相关领域专业人员，以及各类公司代表参加标准的编制工作。

标准起草组通过大量的调研，进行了数据分析，明确了该标准起草工作的基础原则、基础工作思路、具体管理工作方法，以及工作计划确定。标准主要起草人向标准起草组所有工作人员提出了对标准草案一稿征询修订的建议。标准起草组于 2013 年 7 ~ 11 月三次对标准草案一稿进行了深入研究与讨论，完成了标准草案稿二稿。

2014年3月，国家标准起草组在原稿第二次稿的基础上细心剖析修改了文字含义，并专门访问了国内社会人权与法律研究范畴的权威性研究专家学者，研究并征询重要看法，最后形成了国标征集建议稿。

2014年5月，标准起草组向整个经济社会，尤其是各大产业集团征询建议。收集意见建议的方式包括两个方面：一是有侧重点方面，向典型代表产业、企业和行业专家研究者收集意见建议；二是在中国标准化研究院网络平台上针对广大的公众，收集意见建议。

2014年12月，中国标准起草组再度在我国标准化生产监督管理委员会门户网站上广为征求意见。针对所收集的来自各界的观点与提议，标准起草组举办召开了专项讨论会，对标准所提供的意见征集稿加以完善补充，最后形成了国际标准送审稿。

2015年1月27日，《社会责任指南》的标准评审会上专家们一致赞成国家标准的送审稿，并给出了改进的宝贵意见和建议。按照评审专家的意见，国家标准起草组认真修订了国家标准内容，并进行了国家标准报审稿和报批等工作。

2015年6月2日，《社会责任指南》（GB/T 36000—2015）由国家质量监督检验检疫总局、国家标准化管理委员会发布。

2016年1月1日，国家开始实施《社会责任指南》（GB/T 36000—2015）。

（二）意义

GB/T 36000—2015的出台，使中国对社会责任这一范畴的有关概念和实务进行了统一与标准化，这也是当前促进中国社会责任事业健康、迅速发展所面对的迫切任务，为组织积极进行社会责任活动提供了基础，更好地推动组织积极落实社会责任，对于推动中国的社会责任产业健康、有序、迅速发展，对于促进中国各级组织都能更好地落实社会责任，有着至关重要的现实意义。

（三）主要内容

GB/T 36000—2015 作为推荐性国家标准，大体分为理解社会责任、社会责任原则、社会责任基本实践、关于社会责任核心主题的指南、关于将社会责任融入整个组织的指南等内容，具体内容见表 4 - 1，该标准在运用中应当灵活考虑企业规模、所属行业等实际情况，因此该标准能够用于任何类型的组织，但该标准不能用于认证。

表 4 - 1　　　《社会责任指南》（GB/T 36000—2015）的主要内容

核心主题	议题
组织治理	决策程序和结构
人权	（1）公民和政治权利； （2）经济、社会和文化权利； （3）工作中的基本原则和权利
劳工实践	（1）就业和劳动关系； （2）工作条件和社会保护； （3）民主管理和集体协商； （4）职业健康安全； （5）工作场所中人的发展与培训
环境	（1）污染预防； （2）资源可持续利用； （3）减缓并适应气候变化； （4）环境保护、生物多样性和自然栖息地恢复
公平运行实践	（1）反腐败； （2）公平竞争； （3）在价值链中促进社会责任； （4）尊重产权

核心主题	议题
消费者问题	（1）公平营销、真实公平的信息和公平的合同实践； （2）保护消费者健康安全； （3）可持续消费； （4）消费者服务、支持及控诉和争议处理； （5）消费者信息保护与隐私； （6）基本服务获取； （7）教育和意识
社会参与和发展	（1）社会参与； （2）教育和文化； （3）就业创造和技能开发； （4）技术开发和获取； （5）财富和收入创造； （6）健康； （7）社会投资

资料来源：根据《社会责任指南》（GB/T 36000—2015）整理而得。

（四）标准认证地区分布

根据我国省级行政区的地理位置主要分为以下几个地区。

（1）东北地区（3个）：黑龙江、吉林、辽宁。

（2）华北地区（5个）：北京、天津、河北、山西、内蒙古。

（3）华中地区（3个）：河南、湖南、湖北。

（4）华东地区（8个）：山东、江苏、安徽、上海、浙江、江西、福建、台湾。

（5）华南地区（5个）：广东、广西、海南、香港、澳门。

（6）西北地区（5个）：陕西、甘肃、宁夏、青海、新疆。

（7）西南地区（5个）：四川、贵州、云南、重庆、西藏。

根据和讯网的数据，我们统计了2020年各地区（不包括港澳台）发布的社会责任报告数量，见表4-2与图4-1。

表4-2　　　　　　我国各地区发布社会责任报告的数量统计　　　　单位：个

地区	数量
东北地区	黑龙江38、吉林45、辽宁77
华北地区	北京382、天津58、河北64、山西39、内蒙古26
华中地区	河南86、湖北114、湖南122
华东地区	山东238、江苏519、安徽138、上海362、浙江554、江西51、福建156
华南地区	广东716、广西51、海南32
西北地区	陕西58、甘肃31、宁夏14、青海11、新疆55
西南地区	四川141、贵州30、云南37、重庆56、西藏20

资料来源：根据和讯网的数据整理而得。

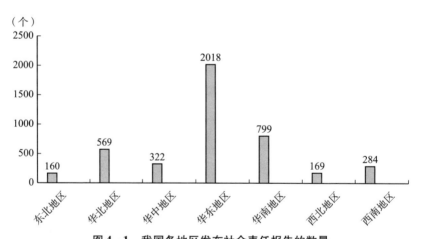

图4-1　我国各地区发布社会责任报告的数量

数据来源：根据和讯网的数据整理而得。

从各地区统计结果来看，华东地区社会责任报告发布数量最多，华东地区中除了安徽、江西都属于东部沿海，因此这些地区的企业社会责任报告发布数量占据较高比重，另外，北京作为我国政治文化的中心也占据了很大的比重，而西北地区、东北地区两个地区发布的报告数量较少，这说明我国东西部企业社会责任的比重存在差距，这与我国各地区的企业分布也有一定的关系，东部地区的高速发展始终与西北地区和东北地区存在较大的差距。但总体来说，随着我国经济的发展和国家的重视程度，西部地区的企业也越来越能发现自身关于社会责任部分存在的不足，因此更加投身于履行社会责任义务，缩短中西部差距。

二、社会企业认证

（一）背景

社会企业概念在中国的传播最早开启于 2002 年，党的十九届四中全会指出，"增进人民福祉、促进人的全面发展是我们党立党为公、执政为民的本质要求。坚持和完善生态文明制度体系，促进人与自然和谐共生"。因此，在不断深化改革中社会主义市场经济飞速发展，与此同时也造就了中国社会企业的缘起与发展。而社会企业在教育养老事业，绿色经济，促进特定群体就业，创新社会治理服务，开展生态环境保护及消除贫困等领域创造了越来越多的经济与社会价值，取得了举世瞩目的成效。

随着经济发展和社会进步，越来越多的企业把社会和经济价值不单单作为其锦上添花的一项，而是将企业社会责任作为企业的战略进行部署，积极参与社会治理的共建共治共享，以此实现企业的可持续发展。

2015 年中国公益慈善项目交流展示会（以下简称中国慈展会）社会企业认证，也是中国第一个民间性、行业性的社会企业认证，具体认证执行工作由社会企业服务平台（China Social Enterprise Service Center，CSESC）负责，自 2015 年至今已对全国超过 2300 家企业和机构开展社会企业认证，截至 2020 年 1 月，完成认证的社会企业有 280 多家，包括 27 个省市自治区的 47 个城市，涵盖环保、无障碍服务、社会发展、公益金融、养老、教育、弱势群体就业等 16 个社会领域，关注 14 类特定群体。因此，中国慈善会的社会企业认证也逐渐发展成为中国社会企业认证。我们将这 5 年称为中国社会企业认证的 1.0 时代。

随着在确定与不确定中、在模糊与清晰中、在思考与探索中，社会企业认证已经通过 5 年的实践和积累，逐步形成了对这一课题的客观发现和独特的见解。2020 年，CSESC 联合社界咨询 SEC 及其他专业机构就中国在执行行业与地方认证的三家非营利的认证机构所实施的《中国社会企业行业认证标准体系》《地方社企认证体系》标准进行实践分析与研究，以近 300 家认证社企案例接近 60 家社企调研数据为研究基础，不断完善和升级过程中"变与不变"、社会企业的价值主张、社会企业本身如何看待自己、社会企业家精神的内核、如何学习国内国际专业机构对社企及影响力的思维角度和方法，推出了社会企业认证的四维标准，我们称为中国社会企业认证的 2.0 时代。通过新的认证标准体系，社会企业的发展始于认证而不止于认证，在推进中国社会企业认证 2.0 时代的进程，让更多社会企业被发现、被关注、得到认同和支持，在社会使命确立与商业实践过程中，用时间和空间的评估维度看到社会企业可持续发展的社会价值和社会影响力。

同时，中国出现社会企业概念之后，首先在公益行业落地发展，得到了来自各行各界的支持与推动，并组织了一系列的社会企业培训、考察交流、论坛、社会影响力大赛、社会企业专题研究与社会认证等工作。自 2015 年佛山市顺德区首次开展地方性社会企业认证以来，陆续有中国慈展会、成都市、北京市等开展了社会企业认证工作，分别呈现认证范围的地方性和全国性、认证推动的政府主导和行业主导的不同特点。

总体来看，中国的社会企业认证分为两大认证体系：一是由中国慈展会所开创的全国性认证，属于行业认证；二是地方性的社会企业认证，通过认证的社会企业能得到当地政府认可与支持。无论是从中国慈展会社会企业认证脱胎而来的社会企业认证，还是具有各地方特色的社会企业认证，除在个别指标上会略有不同，但在重要的核心指标上均保持一致，即以聚焦于特定的社会领域与特定人群为宗旨或首要目标，由社会企业家通过可持续的方式，实现对环境及利益相关方有益，从而实现公益精神与企业家精神的双重融合甚至超越。所以无论是获得哪类认证，在社会企业性质上都具备同等的认证身份，不分优劣，统一称为社会企业。

（二）意义

社会企业的发展离不开政府的大力支持、科学的研究、企业的不断投入、社会的投资和公众的认可等要素，这些要素构成了社会企业生态系统的重要组成部分。总体来说，社会企业认证具有以下意义。

1. 识别社会企业的身份

由于社会企业在国内并无相应的立法，社会企业目前总体上处于探索实践阶段和理论研究阶段。国内目前从政府角度支持社会企业发展的尚属少数，部分地方政府正处观望阶段，同时由于社会企业与企业的社会责任、企业的社会属性等概念存在一定的异同，在社会传播过程中，容易给人造成误解或错认，社会企业这一新生事物目前未被社会公众普遍认知，长久以往可能会造成身份的"合法性危机"。通过社会企业认证可以获得一种"合法性"的身份，帮助社会企业澄清自己的身份，以期"名正言顺"，而这一身份识别制度的延伸效应也会带动社会公民和投资者的行动，并通过更具体的行为帮助社会企业。消费者对带有认证标志的社会企业商品具有更加积极的选择意向，而认证标志是提升社会企业实力的关键战略工具，有利于社会企业让公众和潜在投资者通过了解并得到社会理解与支持。

2. 厘清社会企业的形象

认证制度让带有混合特征的社会企业的模糊组织形态有了一条比较清晰的组织界线，将社会企业从传统的非营利机构和商业团体中区分出来，将"我们"从"挂羊头卖狗肉"的伪社企中区分开来，从而塑造了清晰的社会产业形象，进一步落实行业的责任与担当，并构建起社会企业交流和发展社群、推动行业的发展。在面对着日益高涨的"耐心资本"投资和"投资向善"的时代，社会投资人面对的另一个主要问题就是怎么挑选好融资标的，而社会企业认证制度正是其中一种解决方案，同时它也解决了社会中小企业借贷困难的问题，或者说通过该制度能够减少交易费用，将社会资本的供求方整合到一起。

3. 引导社会企业自我监督

社会企业认定机制也是一个监督机制，取得认定资格的社会企业要自我监管才可以不背离认定规范。当认证后将指导和监督社会企业进一步完善内部管理，以帮助社会企业实现社会责任与公益目标，并避免企业出现"使命漂移"。同时，通过认证形成了行业标准，可以促进产业自律，从而提升了整个产业的标准化程度。但总的来说，对社会企业而言，通过认证社会企业最大的价值就是可以获得企业身份认可、价值认知、行为规范、跨国协作、品牌信誉和社会更多有影响力的关注等，这才是他们的迫切需求。社会企业认证对社会企业而言，可以构建独特的品牌价值和促进可持续发展。

（三）主要内容

社会企业，主要是处理社会问题，以具备社会企业家精神的方法创新性处理社会问题的企业或社会团体，但同时成果也是清晰的、可衡量的。

CSESC 对于社会企业认证的范围界定为：在中国境内，依照《中华人民共和国公司法》及其有关规定发起设立的有限责任公司；经依法登记注册的社会团体、民办非企业单位；按照《中华人民共和国农民专业合作社法》依法设立的互助性经济组织。上述机构应登记注册成立并运营满一年及以上，认同社会企业理念，具有健全财务制度、实行独立核算。

（四）社会企业认证的标准

中国社会企业认证工作由北京大学公民社会研究中心、中国人民大学尤努斯社会事业与微型金融研究中心、电子科技大学慈善与社会企业研究中心、北京亿方公益基金会、深圳市中国慈展会发展中心、深圳市社创星社会企业发展促进中心、成都公益社会企业认证中心等单位联合发起，具体认证执行工作由 CSESC 负责。

中国社会企业认证标准 2.0 体系以四维影响力模型作为此次社会企业认证的主要逻辑依据，该体系主要分成三级指标，由表入里、从上到下分为一级四维模型、二级四维指标、三级四维问卷库，具体内容见表 4-3。

表 4-3 中国社会企业认证标准 2.0 体系

三级指标	具体内容
一级四维模型	整合理论、数据、实践的四维与影响力平面逻辑
二级四维指标	体现一级各维度在企业内部管理、外部关系、价值创造模式、企业环境可持续战略等方面的衡量与评价标准
三级四维问卷库	应用在线上的信息化服务载体、工具通过问卷系统，实现认证过程的可测量、可检验、可视化、可持续的应用

资料来源：根据《中国企业社会责任认证手册》整理而得。

中国社会企业认证标准 2.0 在维度、分级项目、认证深度上进行分解和归类，将原来一维指标体系扩展到立体多维。既实现了在思维平面上对社会企业标准的确认，同时在时间维度和影响力维度评价了社会企业的质量、影响力维度、动态发展、经济可持续状况。通过社会企业在创造经济价值、社会价值、环境价值过程中与各个维度链接产生的数据，更客观、清晰、多角度、多领域、多维地刻画了社会企业在行业、地域、国家、国际的价值贡献。

四维认证体系包括了社会使命、社企利益相关方、价值创造与利润分配、环境与可持续发展四个维度的指标。四维指标把作为社会企业相关维度评价和标准通过定性定量的问题作为完成企业认证的自评过程，让企业清晰知道认证的内容和评价标准。

为了确保认证工作的有效性、便捷性、时效性，CSESC 自 2020 年 9 月

1 日起将社会企业认证工作调整为常态化认证，即社会企业随时申报、及时认证、定时评估、每时服务，全年将安排两次集中认证发布与授牌仪式，社会企业认证的流程共分为自评调查、四维调查、专业审核及反馈四个步骤。

（1）社会企业自评调查：完成自评调查的问卷，助力申报机构在挑战社会问题的路上更加明晰目标和使命。

（2）社会企业四维调查：完成四维调查的问卷，进一步对申报机构的使命优先性、社会问题精准度、商业模式、价值创造与分配、利润分配、公司治理、环境影响度等维度进行解析和测评，在创新性、变革性、一致性、稳定性等方面更加关注可衡量可考证。

（3）专业审核：CSESC 在收到申报机构的资料后将结合其答题情况进行核对校验，完成分数修订。

（4）反馈：CSESC 完成分数修订后将会反馈申报机构认证结果，同时将通过认证的机构在官网进行公布。

三、企业案例

案例 4-1　国家电网

国家电网，组建于 2002 年 12 月 29 日，2017 年 11 月依照《中华人民共和国全民所有制工业企业法》备案，从所有制中小企业改组为以《公司法》为依托成立的中央政府垂直监督管理的国家独立投资企业，登记注册资金 8295 亿元，以投入建立经营国家电网为核心内容服务，经营区域覆盖我国 26 个省（自治区、直辖市），配电区域约占国土面积的 88%，配电人数已达到 11 亿人，是国有企业中的重要骨干企业，关乎着我国的能源安全与国民经济命脉。

国家电网关于企业社会责任的阐述重点包括对企业社会活动采取透明和道义的管理行为，以有效管控企业决定和社会活动对利益相关方、经济社会和自然环境产生的影响，以及谋求企业经济、社会和自然环境的综合价值最大化的意图、行动和绩效等。在内涵定义方面，企业社会责任是指企业必须因自身决定和社会活动对利益相关方、经济社会和自然环境产生的影响而履行的责任；在履行机理方面，企业社会责任强调企业要始终保持对社会活动的透明化和道义化。其中，透明化是指企业必须保持对人类社会、国民经济和自然环境影响的决定和社会活动的公开性，并以清晰、正确、有效、真实和完善的方法实现人类社会沟通；道德目标是指企业为促进人类可持续发展、谋求国民经济、人类社会与自然环境综合价值最优化的愿望、行动与绩效。

2020 年，国家电网以习近平同志新形势下中国特色社会主义思想为指导，深入贯彻党中央、国务院决策部署，众志成城、顽强奋斗，全面完成年度总体目标各项任务，基本实现"十三五"规划圆满收官，为实现"十四五"开局打下坚实基础。企业已连续 16 年获得国资委的业绩考核 A 类企业，在《财富》全球五百强中位列第三，并连续 5 年荣登全球五百强最具社会价值品牌第一名。国家电网作为我国推出企业社会责任报告首批的央企，于 2006 年 1 月的第一天就推出了第一期企业社会责任报告，每年都例行发布，截至目前坚持了 16 年。

在新冠疫情的影响下，国家电网继续保证了全国所有家庭的正常供电，有效抵御住疫情所造成的不良影响，通过开展 7 批次共 59 项的服务行动，有效地助力疫情防控和复工复产，并全力以赴保障了重点用户和全市人民日常生活用电的万无一失，以"欠费不断电""不计滞纳金"等贴心化服务，守望了万家灯火。即便是酷暑、雨雪、汛情等各种恶劣天气，国家电网依然能够保障供电。以率先复工复产方式推动全国各行业企业加快恢复生产能力，创新制定"企业复工电力指数"，以积极响应政府决策和顺应社会主义市场经济发展趋势。

国家电网主要从以下几个方面来履行企业社会责任。

1. 全面落实党中央决策部署

国家电网坚决贯彻党中央、国务院决策部署，深化体制机制改革，积极有效抗击新冠疫情，在助力"六稳""六保"和国家重大战略中彰显了"大国重器"担当，决战脱贫攻坚，助力乡村振兴，决胜全面小康，全力保障和改善民生，持续优化营商环境，大力推进提质增效，助力打赢蓝天保卫战和污染防治攻坚战，推动公司高质量发展。

国家电网顺应国家的政策，加强对雄安新区的电网规划建设，在充分衔接《电力专项规划》基础上，研究制定了雄安新区"十四五"电网规划及建设行动方案，提出了 2021—2025 年 220 千伏、110 千伏规划项目，细化了电网建设实施路径，明确了各变电站的建设类型。编制《雄安新区电力用户用电导则》，并经河北雄安新区管理委员会改革发展局批准印发，为引导推进电网与电力用户、电力设施与城市建设协调和融合发展提供电力标准支撑。

推动长三角一体化发展，加强长三角区域电网规划建设。根据国务院批复的《长三角生态绿色一体化发展示范区总体方案》，编制一体化发展示范区电网专项规划，明确建设一流保障和服务新高地、打造高效协同机制新典范、开发能源互联网新应用和新业态的主要任务，通过配电网互联互通解决省界配电网薄弱问题，推动示范区电网高质量发展。

服务于北京市绿色冬奥，根据北京市电网运行状况和冬奥赛场的供电要求，企业将积极面对疫情等不利因素，以加速项目进展，截至 2020 年年底，冬奥首都赛区、延庆赛区的基础供电改扩建工程项目已全数顺利完工并投运，首都赛区达到了 500 千伏双供电全覆盖范围、220 千伏双环网、110 千伏链型二向供电、10 千伏双向直供，总体技术水平与装置已达到了全球领先水平，同时企业将全面完成北京冬奥核心区、沿途的 8.1 万户"煤改电"改建和六所补充站工程建设任务，这也给冬奥会的顺利进行提供了充足的电力保障。

2. 坚持绿色发展服务"碳达峰、碳中和"目标

完善电源结构与布局，形成多元化洁净能源供应系统。推进国家电网向能源网络转变升级，建立洁净电力优化配套平台。促进全社会资源节约提效，提高终端电气化改造管理水平。推动电力系统技术设备革新，提高安全

与效能管理水平。推动完善市场机制与政府体制，确保清洁国家能源的安全与有效使用。

实现电力替代，全面完成北方地区的"煤改电"。2020 年完成北方 15 省份 10248 项"煤改电"及配套的电网建设任务，共投入资金 199 亿元，惠及北方地区的 17028 个村 271 万人次居民。累计实现取暖用电量 367 亿千瓦时，相当于从居民的冬季采暖领域中降低散烧煤 2055 万吨，减排二氧化碳 3658 万吨，减排二氧化硫、氮氧化物和灰尘等环境污染物料 1162 万吨。同时，在钢材、压铸、玻璃、瓷器等重要行业中引进了新型工业电锅炉、电窑场等新技术，并因地制宜提出"一户一策"的替代技术改造实施方案，逐步替换燃煤锅炉、冲天炉，累计替换项目 2.5 万户，实现替换用电量 1145 亿千瓦时。

保护生态环境，电网环境保护体系日臻完善。国家电网高度重视电网环境保护问题，建立健全三级环境保护管理体系，持续完善环境保护制度体系，致力于建设环境友好型电网。加强电网生态友好设计，优化工程选址选线，有效避让自然保护区、世界文化和自然遗产地的核心区和缓冲区以及重要林区、野生动物的集中活动区、迁徙通道，避开生态脆弱区域，牢固生态安全屏障。

3. 改革攻坚开新局，提质增效育新机

提质增效成效显著，深入开展了提质增效工程专项实践行动。国家电网围绕电网、工业、金融、国际合作等经营板块，以及融资、工程建设、制造、经营管理等服务环节，围绕着降低社会用能成本和实现电网建设可持续发展、提高服务效率和防止企业经营风险的"两大平衡"，围绕八项"全力以赴"促提质、八项"增效"保发展，落实 48 条 125 项重点任务。加大资源优化配置力度，紧盯市场变化、深挖市场空间、优化交易安排，省间交易电量 1.16 万亿千瓦时，省间清洁能源交易电量 4949 亿千瓦时。实施 6 项扩招稳就业措施，全年新增加就业岗位 4.62 万个。全面推广智能电能表状态评价与更换技术，创新运行电能表监管模式，3803 万只电能表得到延期使用，节约电能表轮换资金 66 亿元。全面建成"1233"新型资金管理体系，实现资金运作收益 170 亿元。推广应用现代智慧供应链，全年集中采购 4124 亿元，为供应商释放保证金 165 亿元，节约管理成本 30 亿元。

4. 全力保电保供保安全推动电网高质量发展

国家电网积极贯彻国家发展电力战略，坚持安全、优化、经济、绿色、高效的供电事业发展宗旨，不断促进全国供电事业高效发展，通过特高压网布局的不断完善，促进全国各类电源网的统筹发展，继续增强电力资源配置实力，坚持技术创新驱动，激活内生力量，进一步提高供电企业现代化发展经营管理水平，通过继续规范紧急服务监管体制，增强紧急处置才能，全力维护大电网的安全运行，通过多措并举守牢安全生命线。国家电网始终将安全管理工作放在首位，狠抓安全夯基固本，以确保大电网系统的安全可靠平稳运转；强化对重点输电断面和重要输电通道监测，动态优化供电运营方案，筑牢"三道防线"，保持特大型电网安全稳定运行最长纪录；圆满完成党的十九届五中全会、第三次进博会等重大保电任务，安全运行管理重点专项整改扎扎实实推动，不断化解重大风险隐患问题，深度展开基建施工现场"查风险情况、治违章、抓执行"安全大检查，有效遏制了事故苗头；全面开展安全生产巡查和"四不两直"督察，查处问题隐患 3210 项。完成了 1277 支 GOE 套管、414 台特高压输电系统的分接开关隐患整改；积极排除输配电线及森林草原大火隐患，完成变电站及消防装备隐患的三年整治任务；人员安全责任管理制度更加健全，细化整员安全责任目录，拧紧人员安全责任供应链线，完善数字化安全控制结构与支撑体系，完善总部"1 + 26"应急预案体系，加大教育培训和奖惩力度，公司安全管控能力不断增强，全力以赴抢险救灾。2020 年年底，受国际宏观经济发展与极寒气候叠加等因素影响，国内主要供电企业的经营区域用电负荷与供电需求量均快速增长，2021 年 1 月 7 日最高负荷已达 9.6 亿千瓦小时，日均发受用电量已超过 201.91 亿千瓦小时，均创下了历史新高。由于面临极寒气候、供电大负荷的考验，公司将尽快实施迎峰态冬八项行动，紧密追踪气候变化，做好供电负荷预估，搞好电力电量平衡管理，加强安全生产、建设施工风险控制，加大对供水、供热、供气等关乎民生的重点客户电源维护，加大对跨地区供电保障，严格执行供需侧的管控举措，千方百计确保电能的安全供给。公司各单元合理安排供电运营方案，做好电力设施运营保障和重要线路巡查消缺，多措并举保障供电安全平稳运营和电能安全供给。

5. 负责任地对待每一个利益相关方

国家电网对员工、消费者、合作伙伴、社会等各利益关联方负全面责任。通过持续改善电能服务质量，使供电更安全、更方便、更智能，让使用者更加满意；共同打造可持续发展的全产业链，与行业伙伴携手协作共赢；借助大电网拉动贫困地区经济社会发展，全方位推动乡村振兴，架设党员干部与群众之间的"连心桥"；以人为本凝心聚力，推动企业职工的成长发展，为公司发展与壮大提供人力资源保障。

与地方政府战略合作。国家电网与山东省、湖北省、吉林省、黑龙江省、山西省、重庆市、天津市、新疆维吾尔自治区等 16 家地方政府分别签订战略合作框架协议，深化新型基础设施建设、新兴产业发展、能源科技创新、能源大数据价值挖掘、产业转型升级、能源优势转化等领域合作，加快能源互联网建设，促进经济社会高质量发展。

同时，国家电网也与国内外多所高等学校、科研机构、设备制造厂商协同，全力攻坚中国高压电缆绝缘材料技术，形成了强大的技术创新联合。各地高校、研发机构和企业的核心团队密切合作，近年来已先后攻破 220 千伏交流、±320 千伏直流电缆绝缘材料加工等核心技术。

加强能源区块链领域科技创新。与央企一起成立区块链合作创新平台，推动区块链技术协同攻关和成果推广应用，共建区块链技术与产业发展生态，设立区块链技术实验室，开展区块链跨链交互、可信共享等共性关键技术研究。拓展区块链的应用场景，重点在能源、金融、政务等领域开展 12项试点应用，参与制定我国首个区块链国家标准，初步形成了"平台 + 应用 + 生态"区块链发展格局。

建设新型农村电网。帮助打赢脱贫攻坚战，立足于乡村振兴，对农村电网的升级比预期的都更早完成，推进农村电网建设提升。国家电网投入1316 亿元持续推动农村电网改造升级，增加偏远地区变电站布点，缩短供电半径，综合治理低电压、"卡脖子"等问题，打造支撑乡村振兴的坚强电网。全面完成"三区三州"和抵边村寨电网建设任务，覆盖 198 个县，惠及群众 1777 万人，改善乡村居民生产生活用电水平，促进农业农村现代化和农村能源消费升级。

保障新疆可靠电力供应。公司坚决贯彻中央新疆工作部署，秉承"宁可让电等发展，不可让发展等电"理念，持续加大援疆工作力度，超前谋划，制订合理的未来计划，针对电网的供电能力进行分析，在有限的条件下增大投资，确保电力供应不会被中断，满足新疆经济社会发展用电需求。2014 年以来新疆电网累计完成投资 942.55 亿元，新疆全社会用电量年均增速达到 9.6%，新疆电网总装机容量达到 1.03 亿千瓦。

积极为职工办实事。持续优化提升 2019 年 3 件实事，实现职工文体活动场所所在地市公司全覆盖、应建必建"五小"供电所全覆盖、法定节假日慰问职工全覆盖。全面推进 2020 年 4 件实事，已累计建成职工诉求服务中心 2808 个、诉求服务点 10165 个，解决职工"急难愁盼"事项 5.1 万件。各单位实施班组减负措施 1262 项，建成职工公寓 15684 套、惠及 4.5 万名职工，落实职工慰问"三必贺、三必访"，切实做到把企业的温暖送给职工，不断完善职工薪酬福利保障体系，建立以岗位绩效工资制度为基本的模式，持续强化收入分配与绩效结果密切挂钩，着力推进"能增能减"机制；设立"高精尖人才引进"专项工资，将人才待遇纳入工资计划单列，对企业的核心岗位、优秀人才加大薪酬激励的政策；根据规定设立相关制度，保障福利标准的公开透明，依法按时足额缴纳五险一金。

6. 服务"一带一路"建设

国家电网参与了"一带一路"重大工程建设，并秉承可持续经济发展宗旨，遵循长远化、市场主义、本地化的运营方针，在电网互联互通、国外资本经营、全球生产协同、国际标准制定等方面获得了丰硕成果，同时也在积极推动全球人文沟通、文明融合，与民心互动等方面起到了重大影响。

2020年与全球伙伴携手共抗疫情。国家电网积极发挥自己的作用，尽最大的努力服务于社会，分享防控经验，与俄罗斯、意大利、日本、韩国等多国的电力公司交流经验，以此确保在疫情阶段能稳定供应。

推进国际能源合作项目。国家电网一直致力于推进国际能源合作项目落地，2020年全年累计建成10条跨国输电线路，国际工程承包、装备出口合同额累计超过460亿美元。其中，承建的缅甸北克钦邦与230千伏主干网联通工程竣工；沙特智能电能表项目全面开工建设，全年完成400万只电能表安装运行；中俄电力交易电量超过330亿千瓦时；有序推进菲律宾维萨亚至棉兰老岛联网项目。

开展国际交流。落实习近平主席在第七十五届联合国大会上所提出的碳达峰、碳中和，与大家联合起来，为实现全球的能源转型作出重大贡献，同时也促进全球绿色经济的发展，携手实现碳中和目标。国家电网积极落实国际合作协议，务实开展国际交流，先后参加了第三届中国国际进口博览会、中国国际服务贸易交易会等重大活动，以及全球可持续电力合作组织、世界经济论坛等国际组织会议。

7. 透明运营和接受社会监督

国家电网在持续运营中非常注重信息披露的公开透明，确保社会各界能够随时监督，与相关利益方积极沟通，达到双赢的局面，不断促进双方的合作关系，增强社会各界对公司的认可度，促进公司可持续发展。

加强信息披露。连续16年率先发布社会责任报告，在社会责任理念、实践、绩效方面保持央企标杆地位。2020年，国家电网公司系统共发布社会责任报告108本，其中总部发布报告7本，省级电力公司发布报告23本，地市级供电企业发布报告70本，县级供电企业发布报告8本。77家省、市、县、省管产业单位围绕新冠肺炎疫情防控、脱贫攻坚、能源转型绿色发展、保障电力安全供应和优质服务等方面议题，发布白皮书或履责报告，向媒体和社会主动披露公司履责实践及新发展理念。国网巴西控股常态化发布国别年度社会责任报告，国网江苏电力发布长江大保护专题报告，国网湖北电力、国网无锡供电公司发布抗击新冠疫情专项报告。

国家电网作为央企，坚持立足于本国国情和自身的实际情况，在顺应新时代的背景下做到企业的持续创新发展，同时全面推进社会责任管理，建设企业履行社会责任的长效机制和科学路径，与此同时也与互联网和人工智能相结合，坚持在思想上、制度上、业务上、技术上充分发挥创新机制，提升企业品质和品牌形象。

资料来源：国家电网有限公司．国家电网有限公司2020社会责任报告［M］．北京：中国电力出版社，2021.

思考题：

（1）作为国有企业应该如何看待企业的社会责任？

（2）国家电网在"既要解决企业办社会问题，又要承担社会责任"二者的关系？

（3）国家电网是如何实现企业社会责任？

案例4-2 阿里巴巴

阿里巴巴于1999年在杭州成立。自成立以来，阿里巴巴从一家电子商务公司蜕变为以技术驱动，包含数字商业、金融科技、智慧物流、云计算、本地生活、文化娱乐等场景的数字经济体，服务数以亿计的消费者和数千万的中小企业。阿里巴巴致力于让天下没有难做的生意，促进中国消费市场的发展，建设数字经济时代的商业基础设施，充分利用大数据的优势，搭建新型的社会诚信体系，阿里从始至终追求将公司做成百年企业，希望在16年之后，服务20亿消费者，创造1亿就业的机会，帮助1000万家中小企业盈利，这也是阿里巴巴连续第15年发布社会责任报告。15年来，阿里巴巴在助力乡村、环境保护、公益平台建设等领域的投入增速持续大幅领先于业绩增幅。

2020 年年初新冠疫情暴发，阿里巴巴第一时间筹措资金和物资，驰援一线疫区。至 2021 年 3 月，实际支援抗疫投入近 34 亿元，为全国和其他 150 个国家捐赠抗疫物资共计 2 亿件。阿里还依托自身的互联网科技优势，牢牢筑起了防疫"金钟罩"。支付宝支持研发的"健康码"快速从杭州推广到全国，由阿里云支持建立的"数字防疫系统"已覆盖 28 个省（市），"全球新冠肺炎实战共享平台"覆盖的国家和地区达到 229 个。同时，阿里巴巴在过去一年还积极助力中小企业复工复产。2020 年 4 月，阿里再次启动"春雷计划"，帮助 20 个省（市）的 2000 多个产业带进行"数字化"突围，助力中小企业在构建国内国际"双循环"的市场机遇中抢得先机。待国内疫情稳定后，阿里又开启了全球捐赠模式，向世界展示了中国企业的宽广胸怀。

助力乡村：2019 年起，阿里巴巴创新推出"乡村特派员"模式，将资深员工派驻至欠发达县域实地工作，成为推动互联网技术和乡村实际结合的中坚力量之一。至今，阿里三批"乡村特派员"已经驻扎全国 18 个欠发达县域，第四批也即将出发。"感谢政府和社会的信任，能够让我们有机会把数字化带到乡村，送给老乡"，阿里社会责任报告写道。

面对停摆的线下经济，阿里充分利用线上经济的发展，直播带货成为 2020 年最热的名词之一，数据显示，2020 年阿里巴巴平台农产品销售额达三千多亿元，继续蝉联"最大的农产品销售平台"，而自 2017 年 12 月"阿里巴巴脱贫基金"成立，至 2020 年年底，832 个国家级贫困县在阿里平台网络销售额已超过 2700 元。阿里巴巴不但帮助农村把商品销售量提高，更是将乡村的特产送到了全国各地，助力乡村产业振兴。2020 年也是中国脱贫攻坚决胜决战之年，阿里巴巴响应国家号召，把"电商 + 金融 + 助农"的新形式带到了全国各地乡村，帮助各地富民产业经济走出城门，成为乡村振兴道路上的重要推动力量之一。

与此同时，已有近 1000 个阿里数字农业基地和超 1000 个"菜鸟县域快递共配中心"在全国落地，通过数字化的仓配和分销网络，每年有 100 万吨生鲜农产品直供全国。乡村人才培养亦是阿里巴巴乡村工作的重点，2020年，"马云乡村教师计划""乡村校长计划""乡村师范生计划""崇信职业教育培训计划"持续落地，全国17万名乡村教师和学生因此受益。

2021年5月，响应国家整体战略部署，将脱贫基金升级为"阿里巴巴乡村振兴基金"，发布"热土计划"，阿里巴巴始终坚持从科技振兴、产业振兴和人才振兴三个方面出发，深入其中，探索从科技、产业、人才等方面助力乡村。

环保减碳：2020年年底，菜鸟智能装箱累计减少了5.3亿个包裹用材，相当于种下393万棵梭梭树；2020年，阿里云自建基地型数据中心交易清洁能源电量4.1亿千瓦时；钉钉也让绿色办公成为可能，累计减碳排1100万吨，相当于固化荒漠6300平方公里。2020年天猫"双11"，成交额破纪录地达到4982亿元，吸引众多消费者、品牌和商家共同参与。而与此同时，这也继续成为一届"绿色双11"，节省能耗合电量20万度，减塑7.9万公斤，节省纸张超过22亿张。2021年天猫"618"，通过算法优化、能源优化、低碳物流等手段，每笔订单同比减碳17.6%，相当于碳排放"打了八折"。

不仅是绿色减碳，2020年，阿里巴巴上线全国首个"关爱老年人数字生活"企业专项行动，即"小棉袄计划"；旗下12个软件加入"视觉无障碍行动"，努力帮助视障人士正常使用；"云客服计划"已为超过1万名残障人士提供就业岗位，技术与产品也成为助力弱势群体数字生活的重要途径。

公益建设：作为互联网平台，阿里积极联动公益伙伴共行公益。2017年"95公益周"，阿里与国内多家企业和公益机构合作，倡导"人人3小时，公益亿起来"，并上线了"人人3小时"的公益平台。2020年，"人人3小时"平台每天有大约一百万人参与公益活动，全国志愿服务和公益机构入驻平台数量已经接近3500家。

与此同时，报告显示，2021财年，淘宝、支付宝联动250万商家和数亿消费者通过成交"公益宝贝"，在公益网店"善因购买"公益商品，或直接捐款等方式，为3200多个公益项目募集善款金额超过20亿元。依靠这些善款，300万人次贫困户获得了"顶梁柱"计划健康支持，200余所乡村学校的12万师生用上了净水装置，10万乡村学童拥有了专业的音乐教室，17万乡村儿童拥有了陪伴成长的童伴之家。

阿里巴巴一直以商品与技术力量促进国家经济社会发展的企业责任精神，不论是在抵御疫情时的快速投入，或是对乡村振兴战略的积极响应，都正在努力以实际行动彰显企业责任精神，为全球社会以及世界各地民众建立坚强有效的屏障。

资料来源：阿里巴巴集团.2020—2021阿里巴巴集团社会责任报告［EB/OL］.（2021－08－05）［2022－09－22］.https：//www.alibaba-group.com/esg.

思考题：

（1）企业的社会责任体现在哪些方面？阿里巴巴是如何履行社会责任的？

（2）结合阿里巴巴的案例，对互联网企业的发展和社会责任的履行有哪些借鉴意义？

案例4－3 华为

华为于1987年成立，是全球领先的信息与通信技术（Information and Communication Technology，ICT）基础设施和智能终端提供商。目前华为约有19.7万员工，业务遍及170多个国家和地区，服务全球30多亿人口。

华为一直坚持让所有人、每个家庭、各个组织都享受到数字世界，形成万物互联的智能世界：让信息无处不在，形成人人平等的权利，形成智能世界的前提与基石；让这个世界上创造最强算力，让智能无所不及；所有的行业与机构，都因为强大的数字平台而更加快速、高效、生动；并通过AI技术再次定义体验，使消费者在家居、生活、商务办公工作、影音娱乐、运动健康等全情景中得到最终极的人性化智慧体验。

2020 年，华为继续坚持以不断创新的 ICT 不断地为顾客提供价值，以助力世界的科技抗疫、经济发展与社会进步，提高企业运营品质，使公司全年的运营绩效基本实现市场预期。面临外部环境的巨大挑战，不断推行全球性、多样性供货策略，不依赖任何一个国家或区域，用全球性的供应商保证供应连续性。

数字技术在维持现代社会日常生活、公司管理工作连续性等方面，发挥了不可取代的重要作用。而现代数字化产品的蓬勃发展，又加剧了企业个人信息安全与隐私权的保障挑战。在 5G、云和 AI 智能的现代互联网数字化智能世界，安全性稳固的互联网空间对于人民生活必不可少，因此实现安全性和隐私保护已日益变成数字世界的内生要求和基本力量。华为已明确把实现安全性和隐私保护视为企业的最大纲领，将致力利用技术创新和管理方式变革，来对抗由实现安全性和隐私保护所产生的新挑战，并通过打造安全可信和高效的软件系统产品销售、解决方案和服务，助力客户提升系统的数据安全弹性。

华为在为顾客提供商业价值的时候，更重视创建共享的社会价值，以达到公司业务目标和国家经济、社会、环保目标的均衡发展，使更多人从数字技术中获益，肯尼亚的移动教学、塞内加尔的远程教学、聋哑人的无障碍交流、我国东北虎豹国际公园的生态环境保护、遍布世界五大洲 18 个国家的热带雨林环境保护，均有华为在数字技术的功劳。另外，华为与政府部门、国际机构、非政府团体、企业客户与合作者等各界合作共创，用数字科技助力环保、公平优质的教育和人类健康福祉。

作为全球领先的 ICT 基础设施和智能终端提供商，华为希望把数字世界带给每个人、每个家庭、每个组织，构建万物互联的智能世界。华为坚持倡导 ICT 在促进全球经济发展的同时，也能够让人们的生活更加美好。我们将对标联合国政府的可持续发展目标（Sustainable Development Goals，SDGs），并继续专注于企业的可持续发展四大战略：数字包容、平安可信、绿化环境保护、和谐健康生态。为了保障上述策略的高效落地，华为构建了系统化的内部管理制度，并从公司层面上任命了企业可持续发展委员会（Commission on Sustainable Development，CSD），以引导企业各级业务组织共同建立企业可持续发展目标，稳步推进落实。

华为主要从以下五个方面来履行企业社会责任。

1. 数字包容

2020年新冠疫情肆虐，人们正常的学习、工作、生活秩序被打破，云办公、在线教育、无接触购物等数字化生存成为常态，连接和共生，对于人类的可持续发展显得如此重要。疫情进一步暴露了世界各地数字鸿沟的存在，显示出全面推进数字包容的必要性和紧迫性。这两年来，华为与联合国、NGO等全球合作伙伴共同努力，围绕公平优质教育、保护脆弱环境、促进健康福祉、推进均衡发展四大方向积极开展合作。

截至2020年年底，华为已经和联合国教科文组织、世界自然保护联盟、雨林联结组织等20余家合作伙伴一起，在科技助力教育、科技守护自然、科技助力生活等领域取得进展，达成共同推进联合国可持续发展的目标。

科技助力教育：教育是社会发展的基石，也正是教育才推动了人类文明的进步，但是，每个地区的经济条件、地理位置受限或多或少地会影响各地区教育资源的分配，疫情更是加剧了这一差距，教育的公平性受到了挑战。华为坚持运用创新的ICT给各地区的孩子打造公平优质的教育机会，让不同地区的孩子有着相同的教育平台，实践表明，华为在这方面作出了杰出的贡献，华为于2020年的"移动数字课堂"和"联接学校"项目在全球200多所学校落地，让6万学生和老师受益。

科技守护自然：人类赖以生存的空气、水、土壤、森林等自然环境不断遭到破坏，气候变化、海平面上升等问题，这些自然环境的变化在无声地告诉我们应当加强对自然与环境保护的重视。传统的节能减排路径和固碳技术发展路径已经进入了瓶颈期，基于自然的解决方案成为新的解决路径，它通过保护森林、湿地等生物栖息地的方式，吸收大气中存在的二氧化碳，也让生物多样性得以体现。另外，华为也在努力探索如何利用ICT与更多的环保组织与伙伴合作，来保护我们的大自然。

科技助力生活：为了让听障人士不要在数字世界中掉队，华为的人工智能技术为他们提供了有效的帮助。"畅听无碍"可以让听障人士在平时能与人沟通交流，当然不仅仅在日常生活中，在公共服务的各个领域都可以实现沟通自如。人工智能技术最大的优势在于可以实现将视频中的声音转换成字幕，并能实时转化，这也给他们提供了极大的方便，让听障人士不会因为自身的缺陷而脱节于数字时代，依然可以学习、娱乐并了解国家大事，另外，还有很多的手语志愿者通过视频帮助他们解决各种问题。截至 2020 年年底，"畅听无碍"软件已经给 1.5 万多人带来了便利。

2. 安全可信

随着经济社会的发展，智能手机在家庭中得以普及，这样一个数字经济时代，如何能把安全做到首位？华为在运营过程中非常注重这个问题，死守隐私安全和网络安全这道底线，全力打造出让大家放心的高质量产品。与此同时，华为在应对突发情况或重大事件等方面都做了充足的保障，在日常运营过程中华为没有任何懈怠，建立了成熟的客户网络保障体系和业务连续性管理体系，就是为了应对突发情况，以便在任何时候都能持续供应，确保能准时给客户提供满意的服务和产品。

网络安全是全社会面临的共同挑战。华为与合作商携手运用各种手段共同迎接挑战，保护网络安全和隐私，最大限度地满足人们没有任何顾虑地享受产品带来的便利，华为在全球开放了网络安全与隐私保护透明中心，旨在搭建交流合作的平台。真诚地欢迎各利益相关方利用透明中心加强沟通，在安全标准、测试验证和技术创新等方面开展合作，共建能力、共享价值，共同应对网络安全和隐私保护的挑战。

华为在全球设立了两个全球技术支持中心和十个区域技术支持中心，5000 多名专业的工程师为客户提供 7×24 小时技术支持服务。2020 年突如其来的新冠疫情，给客户网络维护带来极大的挑战，华为一如既往地与客户时刻坚守岗位，确保人们能正常通信，并对全球 200 多起突发及重大事件进行网络保障。

3. 绿色环保

数十年来，华为始终贯彻保护环境，"让科技与自然共生"，在不断创新的同时，也不忘运用创新科技的力量来保护环境，积极响应倡导绿色生态，减少碳排放量，加大可再生能源使用，加大循环经济的力度，作为一家负责任的民营企业，华为一直在努力，运用自己的能力促进可持续发展。

减少碳排放：华为在减少碳排放方面作出了很大的努力，从技术角度，华为一直在针对节能减排方面进行研究，希望能找到突破口，为全国乃至全球的环境保护作出贡献；从管理角度，华为与上下游的合作商协商沟通，共同实现节能减排，争取打造绿色的供应链，利用创新ICT，最终服务于各行各业，帮助更多的企业减少碳排放。

加大可再生能源使用：通过光伏、AI等技术，提升使用效率，共同向可再生能源转型，为智能世界提供绿色能源动力。

促进循环经济：一直以来华为都以身作则，从源头抓起，选择材料时优先选择对环境友好的材料，降低原材料的使用频率，针对产品而言，保证产品的质量，提高使用寿命，另外也需要注意产品在最终回收过程中拆解是否容易，建立健全的回收体系，尽量以最低的成本、最少的资源给人类带来最大的回报。

为应对气候的反复无常，许多国家、地区和组织开始关注可再生能源的获取和使用。华为一直倡导绿色低碳、可持续发展，发挥着积极的作用。华为主要从两个方面进行努力：其一，建设园区光伏电站，引入可再生能源，2020年华为光伏电站全年发电量达1200多万度；其二，充分运用技术促进可持续发展，将信息和光伏技术结合，大大提高了光伏发电的效率，为每户家庭都提供了充足的电力。同时，"农光互补""渔光互补"等一地多用的光伏项目，向人们展现了技术带来的便利，同时能够发现这些能源或许可以很好地与当地的环境、产业和经济需求之间融合。

4. 和谐生态

自成立以来，华为携手合作方一起，让全国很多地区，甚至是偏远地区都享受到了通信技术的便利，真正把该技术惠及给百姓。今天，面对不确定的商业环境，华为携手产业链上下游生态伙伴，更紧密地团结在一起，用实力赢得尊重，用付出获得回报，切切实实为社会贡献价值。以奋斗者为本，关注员工健康安全和个人成长；坚持诚信经营，恪守商业道德，一切以法律为准，从法律出发；将可持续发展作为采购战略的重要组成部分，牵引产业链各方共建和谐健康的商业生态；秉持"在当地，为当地"的价值观，积极履行社会责任，促进当地经济发展。

积极上进的员工作为公司的中坚力量，一直是华为能够可持续发展的不竭动力，多年来华为一直秉持着"积极、多元、开放"的理念，积极为各类人才提供适合其价值发挥的平台和土壤，与此同时，公司对员工也进行多种形式的激励。首先打造舒适良好的工作环境，通过改善外部条件提高员工的工作效率，使员工更加投入，达到事半功倍的效果，无形之中提升幸福感。华为给员工提供了双通道的发展模式，员工可以选择不同的发展模式，不同的路线有不同的培养方式，如果想要成为专家，就需要从业务骨干做起，继续发展成为业务专家，随着经验的累积逐渐成为专业的领军人物；想要成为管理者，则从基层做起，刚开始是基层的管理者，然后再负责项目，成为项目管理者，通过不断地磨炼成为商业领袖。管理路线和专业路线之间是互通的，选择哪种路线取决于公司的业务需要以及个人的职业发展志向。无论是管理者还是专家，都可以在公司相应的岗位发挥价值，成为公司的中流砥柱。在疫情期间，华为也非常关心员工的健康与安全，为疫情严重国家和地区子公司开发了专项防疫方案包，向海外120多个国家和地区的华为子公司发送了620多批次物资；将涵盖新冠肺炎的医疗保险从外派员工扩大到其陪同家属，提高员工因工、传染病等场景的保险金额，并引入更多保险供应商，激活竞争机制，持续提升服务质量，严防死守，共渡难关。

2020 年华为一直在多个领域进行合规体系建设，保护知识产权、网络安全和商业秘密等，反对商业贿赂行为，积极主动与客户、合作商等利益方进行交流与合作，以此提高相互的信任感，长此以往，华为获得了越来越多合作商和政府的好感。

5. 尊重和保障人权

华为遵从所有适用的国际和国家法律、政策，开发符合国际标准和认证的产品与服务，尊重和维护《世界人权宣言》所倡导的基本人权，致力让商业活动不会对人权造成负面影响。自 2004 年起华为就成为"联合国全球契约"成员，还是"责任商业联盟"的成员。

华为认为通信是每个人的基本权利，致力通过技术创新建设更好的网络连接，为全球数十亿人带来便捷和可负担的信息通信服务。连接和宽带的普及可以创造新的工作机会、促进发展、提高人们的生活水平，也有助于及时应对全球挑战、降低人对环境的影响，以及为抗灾救灾、挽救生命提供通信保障。

保障劳工权利。华为尊重员工的权利，在招聘、录用和离职等各环节，都有详细的、公平的管理规范；华为在招聘、晋升、薪酬方面，不会因为各种原因歧视任何人；华为禁止强迫或变相强迫劳动、禁止使用童工。

维护负责任的供应链。华为与供应链合作，遵从客户对华为在可持续发展上的要求并接受审计，也要求供应商尊重员工权利，遵守环境保护、健康与安全、隐私、反商业贿赂等相关的法律要求，确保其可持续发展体系符合行业标准。华为对新供应商有全面的认证流程，对既有供应商每年进行审核，根据可持续发展表现、现场审核结果和改进情况进行考核。

华为从最初的销售代理商到世界级的企业一直积极履行着社会责任，实现可持续发展战略，这也是一个极具代表性的民营高科技企业。

资料来源：华为投资控股有限公司. 华为投资控股有限公司 2020 年年度报告［EB/OL］.（2021 – 03 – 31）［2022 – 09 – 22］. https：//www. huawei. com/cn/annual – report/2020.

思考题：

（1）企业履行社会责任的对象有哪些？华为从主要从哪些方面实现企业社会责任？

（2）与平时相比，华为在新冠疫情期间履行的社会责任有什么不同？

（3）结合华为履行社会责任的案例，对于民营企业的发展和社会责任的履行有哪些可以借鉴的经验？

参考文献

[1] 边卫军，赵文龙. 家族私营企业社会责任与社会关联的耦合性 [J]. 甘肃社会科学，2016 (3)：173-176.

[2] 陈国平，邵思瑾，陈思熠. 网络零售企业社会责任行为对消费者响应的影响 [J]. 商业经济研究 2022 (15)：43-47.

[3] 陈留彬. 企业社会责任理论研究综述 [J]. 山东社会科学，2006 (2)：99-101.

[4] 陈德萍. 企业社会责任与财务绩效的实证研究 [J]. 统计与决策，2012 (12)：178-181.

[5] 陈煦江. 企业社会责任影响财务绩效的中介调节效应——基于中国100强企业社会责任发展指数的经验证据 [J]. 山西财经大学学报，2014，36 (3)：101-109.

[6] 陈迅，韩亚琴. 企业社会责任分级模型及其应用 [J]. 中国工业经济，2005 (9)：99-105.

[7] 陈志昂，陆伟. 企业社会责任三角模型 [J]. 经济与管理，2003 (11)：60-61.

[8] 崔大同. 财务弹性、产品市场竞争与企业社会责任履行水平 [J]. 财会通讯，2022 (4)：86-91.

[9] 邓秀媛，傅超，傅代国. 企业社会责任对海外并购影响的实证研究 [J]. 中国软科学，2018 (1)：110-126.

[10] 峰岭. 企业"全球责任"理念与可持续发展战略创新——世界知

名企业"社会经营"远效开拓国际市场透视 [J]. 经济工作导刊, 2002 (12): 45 - 46.

[11] 冯丽丽, 林芳, 许家林. 产权性质、股权集中度与企业社会责任履行 [J]. 山西财经大学学报, 2011, 33 (9): 100 - 107.

[12] 淦未宇, 肖金萍. 女性高管、权力强度与企业慈善捐赠——基于我国民营上市公司的实证研究 [J]. 管理学刊, 2019, 32 (4): 52 - 62.

[13] 高颖. 基于社会网络理论的企业社会责任研究 [J]. 科技创业月刊, 2022, 35 (6): 113 - 116.

[14] 高宇飞. 污染企业履行社会责任与财务绩效双赢 [J]. 现代企业, 2022 (8): 169 - 171.

[15] 顾小龙, 吴远婷, 黄勇坚, 等. 监管处罚会促进企业社会责任承担吗?——基于印象管理视角的研究 [J]. 投资研究, 2021, 40 (5): 33 - 65.

[16] 郭岚, 陈愚. 政府俘获、地方保护与企业社会责任行为的博弈分析 [J]. 财会月刊, 2016 (5): 56 - 58.

[17] 郭岚, 陈愚. 政府俘获与企业社会责任关系研究综述 [J]. 生态经济, 2015, 31 (9): 91 - 96.

[18] 郭岚, 苏忠秦. 地方保护、政治关联与企业社会责任——来自酒类上市公司的经验证据 [J]. 软科学, 2017, 31 (6): 110 - 114.

[19] 郝臣, 刘琦, 郑钰镜. 我国企业社会责任信息披露对融资成本影响的研究 [J]. 财务管理研究, 2020 (9): 16 - 23.

[20] 何艳. 企业社会责任与可持续发展探析 [J]. 企业科技与发展, 2019 (5): 237 - 238.

[21] 黄金波, 陈伶茜, 丁杰. 企业社会责任、媒体报道与股价崩盘风险 [J]. 中国管理科学, 2022, 30 (3): 1 - 12.

[22] 黄子琛, 刘喜华. 企业社会责任能否保护股东价值? [J]. 长春理工大学学报 (社会科学版), 2022, 35 (3): 89 - 96.

［23］黄世忠．支撑 ESG 的三大理论支柱［J］．财会月刊，2021（19）：3－10．

［24］贾明，张喆．高管的政治关联影响公司慈善行为吗？［J］．管理世界，2010（4）：99－113，187．

［25］姜启军．企业长期利益最大化和履行社会责任最优水平分析［J］．软科学，2008（1）：47－49，62．

［26］蒋东利，孙西，韩英贺．环境信息披露对企业融资的影响研究［J］．金融纵横，2022（6）：20－29．

［27］蒋尧明，郑莹．"羊群效应"影响下的上市公司社会责任信息披露同形性研究［J］．当代财经，2015（12）：109－117．

［28］金仁仙．中国企业社会责任政策的分析及启示［J］．北京社会科学，2019（8）：22－33．

［29］靳小翠．制度背景影响企业社会责任的实证研究［J］．财政监督，2016（3）：93－98．

［30］黎友焕，魏升民．企业社会责任评价标准：从 SA 8000 到 ISO 26000［J］．学习与探索，2012（11）：68－73．

［31］李刚强，吴森明．SA 8000 认证是推动和谐社会和质量保证的双刃箭［J］．中国检验检疫，2008（11）：45．

［32］李茜，熊杰，黄晗．企业社会责任缺失对财务绩效的影响研究［J］．管理学报，2018，15（2）：255－261．

［33］李晟婷，周晓唯．基于 GMM 的企业社会责任对生产效率的影响研究——以陕西省为例［J］．西南政法大学学报，2018，20（4）：127－135．

［34］李四海．高管预期离任与企业捐赠行为研究［J］．会计之友，2021（21）：2－11．

［35］李文军．探析企业在国有产权交易过程中的风险防范［J］．中国商论，2020（3）：230－231．

[36] 李晓静，李可欣. 家族涉入能否提升企业 ESG 表现——基于社会情感财富理论 [J]. 财会月刊，2022（17）：151 - 160.

[37] 李增福，汤旭东，连玉君. 中国民营企业社会责任背离之谜 [J]. 管理世界，2016（9）：136 - 148，160，188.

[38] 李正. 企业社会责任与企业价值的相关性研究——来自沪市上市公司的经验证据 [J]. 中国工业经济，2006（2）：77 - 83.

[39] 梁运吉，刘冰冰. 社会责任、融资约束与企业绿色技术创新 [J]. 会计之友，2022（17）：61 - 68.

[40] 林丽阳，李桦. 基于微观视角的企业社会责任影响因素研究 [J]. 财会通讯，2013（15）：97 - 99.

[41] 刘畅，雷良海. 企业社会责任、机构投资者与股东价值 [J]. 经济研究导刊，2021（13）：58 - 61.

[42] 刘刚，李峰. 企业道德建设对员工满意度影响机制的实证研究——基于员工感知的企业社会责任中介效应分析 [J]. 经济理论与经济管理，2011（3）：89 - 97.

[43] 刘剑辉. 中小企业员工满意度与组织承诺的关系研究 [J]. 闽西职业技术学院学报，2021，23（2）：30 - 37.

[44] 刘静，林树. 员工满意度与企业技术创新 [J]. 工业技术经济，2020，39（9）：20 - 29.

[45] 刘俊海. 公司的社会责任 [M]. 北京：法律出版社，1999.

[46] 刘俊海. 关于公司社会责任的若干问题 [J]. 理论前沿，2007，511（22）：19 - 22.

[47] 刘俊海. 论公司社会责任的制度创新 [J]. 比较法研究，2021（4）：17 - 37.

[48] 刘俊海. 论全球金融危机背景下的公司社会责任的正当性与可操作性 [J]. 社会科学，2010（2）：70 - 79.

[49] 刘丽萍. 企业的社会责任与企业绩效 [J]. 内蒙古科技与经济，

2006 (4): 50 – 52.

［50］刘连煜. 公司治理与公司社会责任［M］. 北京: 中国政法大学出版社, 2001.

［51］刘艳博, 耿修林. 环境不确定下的营销投入、企业社会责任与企业声誉的关系研究［J］. 管理评论, 2021, 33 (10): 159 – 170.

［52］刘益平, 张文博. 股权质押、高管薪酬激励与企业社会责任［J］. 财会通讯, 2022 (8): 35 – 39.

［53］柳建坤, 何晓斌. 企业社会责任、体制资本与企业家的政治身份获得——来自中国民营企业的经验证据［J］. 社会发展研究, 2020, 7 (2): 67 – 89.

［54］卢代富. 公司社会责任与公司治理结构的创新［J］. 公司法律评论, 2002 (1): 34 – 45.

［55］卢代富. 企业社会责任的经济学与法学分析［M］. 北京: 法律出版社, 2002.

［56］卢梭. 社会契约论［M］. 黄小彦, 译. 北京: 中国法制出版社, 2016.

［57］芦静, 闵剑. 媒体负面情绪、社会责任与企业风险承担: 压力驱动还是损失规避［J］. 财会通讯, 2021 (17): 67 – 71.

［58］吕英, 王正斌. 员工感知的企业社会责任与员工满意度关系的实证研究——以西安地区 IT 和零售企业为例［J］. 大连理工大学学报 (社会科学版), 2009, 30 (3): 50 – 55.

［59］罗元大, 熊国保, 赵建彬. 战略类型、制度环境与企业社会责任信息披露质量 ——来自我国矿业上市公司的经验证据［J］. 财会通讯, 2021 (3): 64 – 67.

［60］罗元大, 熊国保. 儒家文化、企业战略与企业社会责任信息披露质量——来自深沪 A 股矿业上市公司的经验证据［J］. 河南科技大学学报 (社会科学版), 2021, 39 (6): 47 – 53, 89.

［61］罗正英，姜钧乐，陈艳，等．行业竞争、高管薪酬与企业社会责任履行［J］．华东师范大学学报（哲学社会科学版），2018，50（4）：153－162，177．

［62］马新啸，汤泰劼，胡珺．国有企业混合所有制改革与慈善捐赠行为优化［J］．当代财经，2022（2）：91－102．

［63］买生，张纹瑞，郑洁．企业社会责任与企业社会资本——基于市场化程度与行业竞争地位的调节效应［J］．会计之友，2020（2）：13－19．

［64］毛志宏，金龙．所有权性质、企业社会责任与会计信息可靠性［J］．南方经济，2016（12）：70－86．

［65］潘奇，李晶鑫．企业社会责任、技术创新与股价崩盘风险［J］．软科学，2002（8）：1－12．

［66］钱明，徐光华．社交网络与企业社会责任——基于自媒体时代的经验证据［J］．商业会计，2017（23）：17－20．

［67］邱一洁．企业社会责任与法律责任关系研究——以公共卫生事件为视角［J］．闽南师范大学学报（哲学社会科学版），2020，34（2）：5－9．

［68］屈晓华．企业社会责任演进与企业良性行为反应的互动研究［J］．管理现代化，2003（5）：13－16．

［69］全智琪．企业社会责任对降低系统性风险的作用机理研究［J］．企业改革与管理，2022（15）：6－8．

［70］尚洪涛，吴桐．企业数字化转型、社会责任与企业价值［J］．技术经济，2022，41（7）：159－168．

［71］申明浩，谭伟杰，张文博．数字化转型增进了企业社会责任履行吗？［J］．西部论坛，2022，32（3）：63－80．

［72］沈洪涛，杨熠．公司社会责任信息披露的价值相关性研究——来自我国上市公司的经验证据［J］．当代财经，2008（3）：103－107．

［73］石军伟，胡立君，付海艳．企业社会责任、社会资本与组织竞争

优势：一个战略互动视角——基于中国转型期经验的实证研究 [J]. 中国工业经济，2009（11）：87－98.

[74] 宋晓娜，张峰. 社会责任履行对高新技术企业竞争力影响的检验 [J]. 统计与决策，2020，36（12）：170－172.

[75] 宋岩，续莹. 平台企业社会责任、媒体关注度与企业价值 [J]. 烟台大学学报（哲学社会科学版），2022，35（3）：109－124.

[76] 苏冬蔚，贺星星. 社会责任与企业效率：基于新制度经济学的理论与经验分析 [J]. 世界经济，2011，34（9）：138－159.

[77] 苏蕊芯，仲伟周. 企业传播、企业社会责任与经济绩效关联性研究综述 [J]. 经济管理，2010，32（7）：173－182.

[78] 谭雪. 行业竞争、产权性质与企业社会责任信息披露——基于信号传递理论的分析 [J]. 产业经济研究，2017（3）：15－28.

[79] 陶欣欣. 社会责任履行对企业投资效率的影响研究——基于不同利益相关者维度 [J]. 商业会计，2022（13）：64－68.

[80] 陶莹，董大勇. 媒体关注与企业社会责任信息披露关系研究 [J]. 证券市场导报，2013（11）：20－26，33.

[81] 王海妹，吕晓静，林晚发. 外资参股和高管、机构持股对企业社会责任的影响——基于中国 A 股上市公司的实证研究 [J]. 会计研究，2014（8）：81－87，97.

[82] 王加灿. 基于生命周期理论的企业社会责任管理 [J]. 企业经济，2006（5）：63－65.

[83] 王建玲，李玥婷，吴璇. 企业社会责任与风险承担：基于资源依赖理论视角 [J]. 预测，2019，38（3）：45－51.

[84] 王茂林. 构建和谐社会必须强化企业社会责任 [J]. 化工管理，2013（15）：30－32.

[85] 王士红. 所有权性质、高管背景特征与企业社会责任披露——基于中国上市公司的数据 [J]. 会计研究，2016（11）：53－60，96.

［86］王文成，王诗卉．中国国有企业社会责任与企业绩效相关性研究［J］．中国软科学，2014（8）：131－137．

［87］王旭，向常春．企业社会责任与员工工作激情的非线性关系与作用机制［J］．中国人事科学，2022（4）：43－54．

［88］吴文洋，唐绅峰，韦施威．社会责任、媒体关注与企业财务风险——基于中国上市公司的经验证据［J］．管理学刊，2022，35（1）：124－141．

［89］伍湛清．高管薪酬对企业社会责任的影响研究［J］．技术与市场，2021，28（11）：122－124．

［90］郗河．企业社会责任特征对员工组织承诺及组织公民行为作用机制研究［D］．杭州：浙江大学，2009．

［91］肖红军，阳镇，凌鸿程．"鞭长莫及"还是"遥相呼应"：监管距离与企业社会责任［J］．财贸经济，2021，42（10）：116－131．

［92］肖力迪，陈绣绫，胡建浩，等．加强业扩管理 提升客户满意度［J］．农村电工，2022，30（3）：14．

［93］谢玉华，刘晶晶，谢华青．内外部企业社会责任对员工工作意义感的影响机制和差异效应研究［J］．管理学报，2020，17（9）：1336－1346．

［94］辛杰．消费者视角下的企业社会责任研究综述［J］．发展研究，2010（11）：78－81．

［95］徐晨，张英明．儒家文化、社会责任与企业创新——基于MD&A文本分析［J］．中国注册会计师，2022（8）：53－60．

［96］徐二明，衣凤鹏．企业社会责任与财务绩效——市场发展与政府所有权的调节作用［J］．中国流通经济，2013，27（11）：90－95．

［97］徐光伟，殷皓洲，刘星．社会责任承担与企业投资效率：基于利益相关者理论的解释［J］．技术经济，2021，40（10）：162－172．

［98］徐梦雨，陈东．慈善捐赠与创新绩效——以政府补贴与CEO声誉

为中介变量［J］. 内江师范学院学报，2021，36（12）：108 – 120.

［99］徐细雄，李摇琴，林丁健. 女性高管与企业慈善捐赠：基于产权性质与制度环境的分析［J］. 华东经济管理，2015，29（10）：8 – 14，185.

［100］许年行，李哲. 高管贫困经历与企业慈善捐赠［J］. 经济研究，2016，51（12）：133 – 146.

［101］［英］亚当·斯密. 道德情操论［M］. 蒋自强，等译. 北京：商务印书馆，2020.

［102］杨忠智，乔印虎. 行业竞争属性、公司特征与社会责任关系研究——基于上市公司的实证分析［J］. 科研管理，2013，34（3）：58 – 67.

［103］殷红，杜彦宾. 企业社会责任信息披露：行业差异性与收敛性——基于中国企业300强的非参数检验［J］. 财会通讯，2018（24）：79 – 83.

［104］殷红，李晓慧. 企业社会责任信息披露行业特征研究——来自食品和饮料行业的证据［J］. 财会通讯，2015（22）：38 – 41.

［105］尤力，王金顺. 论企业的社会责任［J］. 四川大学学报（哲学社会科学版），1990（1）：41 – 46.

［106］于洪彦，黄晓治，曹鑫. 企业社会责任与企业绩效关系中企业社会资本的调节作用［J］. 管理评论，2015，27（1）：169 – 180.

［107］于水. 绿色会计与企业社会责任、资源生产力关系浅析［J］. 商场现代化，2013（24）：166.

［108］张川，娄祝坤，詹丹碧. 政治关联、财务绩效与企业社会责任——来自中国化工行业上市公司的证据［J］. 管理评论，2014，26（1）：130 – 139.

［109］张森. 企业社会责任对消费者忠诚度的影响研究［J］. 河南大学学报（社会科学版），2021，61（6）：24 – 32.

［110］张文魁. 改制后公司治理如何转型［J］. 上海国资，2005（11）：64 – 65.

［111］张应杭. 企业伦理学导论［M］. 杭州：浙江大学出版社，2002.

[112] 张兆国，靳小翠，李庚秦．企业社会责任与财务绩效之间交互跨期影响实证研究 [J]．会计研究，2013（8）：32 - 39，96.

[113] 张兆国，梁志钢，尹开国．利益相关者视角下企业社会责任问题研究 [J]．中国软科学，2012（2）：139 - 146.

[114] 张兆国，刘晓霞，张庆．企业社会责任与财务管理变革——基于利益相关者理论的研究 [J]．会计研究，2009（3）：54 - 59，95.

[115] 张兆国，向首任，曹丹婷．高管团队异质性与企业社会责任——基于预算管理的行为整合作用研究 [J]．管理评论，2018，30（4）：120 - 131.

[116] 张正勇，吉利．企业家人口背景特征与社会责任信息披露——来自中国上市公司社会责任报告的经验证据 [J]．中国人口·资源与环境，2013，23（4）：131 - 138.

[117] 张正勇．产品市场竞争、公司治理与社会责任信息披露——来自中国上市公司社会责任报告的经验证据 [J]．山西财经大学学报，2012，34（4）：67 - 76.

[118] 赵如．企业慈善行为动机历史演进研究 [J]．社会科学研究，2012（4）：102 - 106.

[119] 赵玮琪，廖欣怡．董事会社交网络与企业社会责任——"言行不一"还是"言行一致"？ [J]．中国林业经济，2022（5）：31 - 38.

[120] 赵晓阳，胥朝阳．慈善捐赠会影响技术创新吗？——基于高管过度自信的调节作用 [J]．财会通讯，2020（20）：15 - 20.

[121] 郑冠群，宋林，郝渊晓．高管层特征、策略性行为与企业社会责任信息披露质量 [J]．经济经纬，2015，32（2）：111 - 116.

[122] 仲崇宇．企业履行社会责任水平与创新绩效关系研究——基于企业媒体关注度的调节作用 [J]．经济研究导刊，2022（21）：17 - 19，85.

[123] 周立新．家族涉入与企业社会责任——来自中国制造业的经验证据 [J]．经济管理，2011，33（9）：45 - 53.

［124］周卫中，赵金龙．家族涉入、国际化经营与企业环境责任［J］．吉林大学社会科学学报，2017，57（6）：84－94，205．

［125］周煊，刘晓辉．女性 CEO 提升了企业的慈善捐赠水平吗？——基于社会角色理论和高阶理论整合的视角［J］．管理现代化，2022，42（3）：76－83．

［126］周中胜，何德旭，李正．制度环境与企业社会责任履行：来自中国上市公司的经验证据［J］．中国软科学，2012（10）：59－68．

［127］周祖城，王凤科．管理创新与创新管理［J］．技术经济，2000（10）：32－34．

［128］朱昊然，凌巧，秦婉如，等．港航企业数字化转型战略与企业社会责任的实现——以上海国际港务集团为例［J］．珠江水运，2022（15）：111－115．

［129］朱金凤，张坦，赵庚科．传统文化对企业慈善捐赠的促进作用研究［J］．西安工业大学学报，2022，42（1）：88－95．

［130］朱松．企业社会责任、市场评价与盈余信息含量［J］．会计研究，2011（11）：27－34，92．

［131］朱奕名．企业社会责任对员工组织信任、组织承诺影响之研究［J］．周口师范学院学报，2018，35（4）：114－119．

［132］Adolph A Berle. Corporate Powers as Powers in Trust［J］. *Harvard Law Review*，1931（44）：1049.

［133］Aguinis H, Glavas A. On Corporate Social Responsibility, Sensemaking, and the Search for Meaningfulness Through Work［J］. *Journal of Management*，2019，45（3）：1057－1086.

［134］Aljarah A, Emeagwali L, Ibrahim B, Ababneh B. Does corporate social responsibility really increase customer relationship quality? A meta-analytic review［J］. *Social Responsibility Journal*，2018，16（1）：28－49.

［135］Allen M W, Craig C A. Rethinking corporate social responsibility in the age of climate change: A communication perspective [J]. *International Journal of Corporate Social Responsibility*, 2016, 1 (1): 1 – 11.

[136] Ang R, Shao Z, Liu C, Yang C H, Zheng Q R. The relationship between CSR and financial performance and the moderating effect of ownership structure: Evidence from Chinese heavily polluting listed enterprises [J]. *Sustainable Production and Consumption*, 2022 (30): 117 – 129.

[137] Atkinson L, Galaskiewicz J. Stock ownership and company contributions to charity [J]. *Administrative Science Quarterly*, 1988, 33 (1): 82 – 100.

[138] Backhaus K B, Stone B A, Heiner K. Exploring the Relationship Between Corporate Social Performance and Employer Attractiveness [J]. *Business & Society*, 2002, 41 (3): 292 – 318.

[139] Baden D. A reconstruction of Carroll's pyramid of corporate social responsibility for the 21st century [J]. *International Journal of Corporate Social Responsibility*, 2016, 1 (1): 1 – 15.

[140] Baker T, Nelson R E. Creating something from nothing: Resource construction through entrepreneurial bricolage [J]. *Administrative Science Quarterly*, 2005, 50 (3): 329 – 366.

[141] Barnea A, Rubin A. Corporate social responsibility as a conflict between shareholders [J]. *Journal of Business Ethics*, 2010, 97 (1): 71 – 86.

[142] Bauman C W, Skitka L J. Corporate social responsibility as a source of employee satisfaction [J]. *Research in Organizational Behavior*, 2012 (32): 63 – 86.

[143] Becker – Olsen K L, Cudmore B A, Hill R P. The impact of perceived corporate social responsibility on consumer behavior [J]. *Journal of Business Research*, 2006, 59 (1): 46 – 53.

[144] Benlemlih M, Bitar M. Corporate social responsibility and investment efficiency [J]. *Journal of Business Ethics*, 2018, 148 (3): 647 – 671.

[145] Berman S L, Wicks A C, Kotha S, Jones T M. Does stakeholder orientation matter? The relationship between stakeholder management models and firm financial performance [J]. *Academy of Management Journal*, 1999, 42 (5): 488 – 506.

[146] Berrone P, Gomez – Mejia L R. Environmental performance and executive compensation: An integrated agency-institutional perspective [J]. *Academy of Management Journal*, 2009, 52 (1): 103 – 126.

[147] Bowen H R. Social Responsibilities of the Businessman [M]. New York: Harper and Brothers, 1953.

[148] Brammer S, Brooks C, Pavelin S. Corporate Social Performance and Stock Returns: UK Evidence from Disaggregate Measures [J]. *Financial Management*, 2006, 35 (3): 97 – 116.

[149] Brammer S, Millington A, Rayton B. The contribution of corporate social responsibility to organizational commitment [J]. *The International Journal of Human Resource Management*, 2007, 18 (10): 1701 – 1719.

[150] Brammer S, Millington A. Corporate reputation and philanthropy: An empirical analysis [J]. *Journal of Business Ethics*, 2005, 61 (1): 29 – 44.

[151] Brammer S J, Pavelin S. Corporate Reputation and Social Performance: The Importance of Fit [J]. *Journal of Management Studies*, 2006, 43 (3): 435 – 455.

[152] Carpenter V L, Feroz E H. Institutional theory and accounting rule choice: an analysis of four US state governments' decisions to adopt generally accepted accounting principles [J]. *Accounting, Organizations and Society*, 2001, 26 (7 – 8): 565 – 596.

[153] Carroll A B. A three-dimensional conceptual model of corporate social performance [J]. *The Academy of Management Review*, 1979 (4): 497 – 505.

[154] Carroll A B. Carroll's pyramid of CSR: taking another look [J].

International Journal of Corporate Social Responsibility, 2016, 1 (1): 1 – 8.

[155] Carroll A B. The pyramid of corporate social responsibility: Toward the moral management of organizational stakeholders [J]. *Business Horizons*, 1991, 34 (4): 39 – 48.

[156] Carson R. *Silent Spring* [M]. London: Penguin Classics, 1962.

[157] Chang Y K, Oh W Y, Park J H, Jang M G. Exploring the relationship between board characteristics and CSR: Empirical evidence from Korea [J]. *Journal of Business Ethics*, 2017, 140 (2): 225 – 242.

[158] Ciaran, O'Faircheallaigh. Negotiating Cultural Heritage? Aboriginal – Mining Company Agreements in Australia [J]. *Development and Change*, 2008, 39 (1): 25 – 51.

[159] Claessens S, Feyen E, Laeven L. Political Connections and Preferential Access to Finance: the Role of Campaign Contributions [J]. *Journal of Financial Economics*, 2008, 88 (3).

[160] Clark J M. The changing basis of economic responsibility [J]. *Journal of Political Economy*, 1916, 24 (3): 209 – 229.

[161] Clarkson M E. A stakeholder framework for analyzing and evaluating corporate social performance [J]. *Academy of Management Review*, 1995, 20 (1): 92 – 117.

[162] Conrad C A, Brown G, Harmon H A. Customer satisfaction and corporate culture: A profile deviation analysis of a relationship marketing outcome [J]. *Psychology & Marketing*, 1997, 14 (7): 663 – 674.

[163] Cramer J M. Applying international standards and guidelines on corporate social responsibility: An action plan [J]. *Environmental Quality Management*, 2005, 14 (3): 71 – 77.

[164] Cui J, Jo H, Na H. Does corporate social responsibility affect information asymmetry? [J]. *Journal of Business Ethics*, 2018, 148 (3): 549 – 572.

[165] Dahlsrud A. How corporate social responsibility is defined: An analysis of 37definitions [J]. *Corporate Social Responsibility and Environmental Management*, 2008, 15 (1): 1 – 13.

[166] Davis K. Can business afford to ignore socialresponsibilities? [J]. *California Management Review*, 1960, 2 (3): 70 – 76.

[167] Davis K. The case for and against business assumption of social responsibilities [J]. *Academy of Management Journal*, 1973, 16 (2): 312 – 322.

[168] Deegan C, Rankin M, Tobin J. An examination of the corporate social and environmental disclosures of BHP from 1983—1997: A test of legitimacy theory [J]. *Accounting, Auditing & Accountability Journal*, 2002, 15 (3): 312 – 343.

[169] Deegan C, Rankin M, Voght P. Firms' Disclosure Reactions to Major Social Incidents: Australian Evidence. [J]. *Accounting Forum*, 2000, 24 (1): 101 – 130.

[170] De Villiers C, Naiker V, Van Staden C J. The effect of board characteristics on firm environmental performance [J]. *Journal of Management*, 2011, 37 (6): 1636 – 1663.

[171] Diamantopoulos A, Mathews B P. Managerial perceptions of the demand curve: Evidence from a multiproduct firm [J]. *European Journal of Marketing*, 1993, 27 (9): 5 – 18.

[172] Dillard J F, Rigsby, J T, Goodman C. The making and remaking of organization context: Duality and the institutionalization process [J]. *Accounting, Auditing & Accountability Journal*, 2004, 17 (4): 506 – 542.

[173] Dimaggio P J, Powell W W. The iron cage revisited: Institutional isomorphism and collective rationality in organizational fields [J]. *American Sociological Review*, 1983 (48): 147 – 160.

[174] Donaldson T, Dunfee T W. Toward a unified conception of business

ethics: Integrative social contracts theory [J]. *Academy of Management Review*, 1994, 19 (2): 252 –284.

[175] Dyduch J, Krasodomska J. Determinants of Corporate Social Responsibility Disclosure: An Empirical Study of Polish Listed Companies [J]. *Sustainability*, 2017, 9 (11): 1 –24.

[176] Eberhard R, Johnston N, Everingham J A. A collaborative approach to address the cumulative impacts of mine-water discharge: Negotiating a cross-sectoral waterway partnership in the Bowen Basin, Australia [J]. *Resources Policy*, 2013, 38 (4): 678 –687.

[177] Eisenhardt K M. Agency theory: An assessment and review [J]. *Academy of management review*, 1989, 14 (1): 57 –74.

[178] Eisenhardt K M. Making fast strategic decisions in high-velocity environments [J]. *Academy of Management journal*, 1989, 32 (3): 543 –576.

[179] Elkington J. The triple botton line. Environmental management: readings and cases [J]. 1997 (2): 49 –66.

[180] Ellen P S, Webb D J, Mohr L A. Building corporate associations: Consumer attributions for corporate socially responsible programs [J]. *Journal of the academy of Marketing Science*, 2006, 34 (2): 147 –157.

[181] Esteves A M. Mining and social development: Refocusing community investment using multi-criteria decision analysis [J]. *Resources Policy*, 2008, 33 (1): 39 –47.

[182] Faleye O, Trahan E A. Labor-friendly corporate practices: Is what is good for employees good for shareholders? [J]. *Journal of Business Ethics*, 2011, 101 (1): 1 –27.

[183] Famiyeh S. Corporate social responsibility and firm's performance: empirical evidence [J]. *Social Responsibility Journal*, 2017, 13 (2): 390 –406.

[184] Fineman S, Clarke K. Green stakeholders: Industry interpretations

and response [J]. *Journal of Management Studies*, 1996, 33 (6): 715 –730.

[185] Flammer C. Corporate social responsibility and shareholder reaction: The environmental awareness of investors [J]. *Academy of Management Journal*, 2013, 56 (3): 758 –781.

[186] Fordham A E, Robinson G M, Blackwell B D. Corporate social responsibility in resource companies – Opportunities for developing positive benefits and lasting legacies [J]. *Resources Policy*, 2017 (52): 366 –376.

[187] Fordham A E, Robinson G M. Mapping meanings of corporate social responsibility-an Australian case study [J]. *International Journal of Corporate Social Responsibility*, 2018, 3 (1): 1 –20.

[188] Franco I B, Ali S. Decentralization, corporate community development and resource governance: A comparative analysis of two mining regions in Colombia [J]. *The Extractive Industries and Society*, 2017, 4 (1): 111 – 119.

[189] Franco S, Caroli M G, Cappa F, Del Chiappa G. Are you good enough? CSR, quality management and corporate financial performance in the hospitality industry [J]. *International Journal of Hospitality Management*, 2020 (88): 102395.

[190] Franks D M, Brereton D, Moran C J. Managing the cumulative impacts of coal mining on regional communities and environments in Australia [J]. *Impact Assessment and Project Appraisal*, 2010, 28 (4): 299 –312.

[191] Freeman R E, Harrison J, Hicks A, Parman B, Colie S. *Stakeholder theory: The state of the art* [M]. Cambridge: Cambridge University Press, 2010.

[192] Freeman R E. Strategic management: A stakeholder approach [M]. Boston, MA: Pitman, 1984.

[193] Friedman M. A Friedman doctrine: The social responsibility of busi-

ness is to increase its profits [J]. *The New York Times Magazine*, 1970 (1):
32 – 33.

[194] Friedman M. Capitalism and Freedom [M]. Chicago: University of
Chicago Press, 1962.

[195] Fry L W, Keim G D, Meiners R E. Corporate contributions: Altru-
istic or for-profit? [J]. *Academy of management Journal*, 1982, 25 (1):
94 – 106.

[196] Galaskiewicz J, Wasserman S. Mimetic processes within an interorga-
nizational field: An empirical test [J]. *Administrative Science Quarterly*, 1989,
34 (3): 454 – 479.

[197] Gamu J, Le Billon P, Spiegel S. Extractive industries and poverty:
A review of recent findings and linkage mechanisms [J]. *The Extractive Industries
and Society*, 2015, 2 (1): 162 – 176.

[198] Garriga E, Melé D. Corporate social responsibility theories: Mapping
the territory [J]. *Journal of Business Ethics*, 2004, 53 (1): 51 – 71.

[199] Gray R, Owen D, Adams C. Accounting & accountability: changes
and challenges in corporate social and environmental reporting [M]. London:
Prentice Hall, 1996.

[200] Gray R, Owen D, Adams C A. Some theories for social accounting?:
a review essay and a tentative pedagogic categorisation of theorisations around
social accounting [J]. *Social Environmental Accountability*, 2009 (12): 1 – 54.

[201] Grimmer M, Bingham T. Company environmental performance and
consumer purchase intentions [J]. *Journal of business research*, 2013, 66 (10):
1945 – 1953.

[202] Gupta A, Briscoe F, Hambrick D. C. Red, blue, and purple firms:
Organizational political ideology and corporate social responsibility [J]. *Strategic
Management Journal*, 2017, 38 (5): 1018 – 1040.

［203］Hafsi T, Turgut G. Boardroom diversity and its effect on social performance: Conceptualization and empirical evidence ［J］. *Journal of business ethics*, 2013, 112 （3）: 463 –479.

［204］Haque H. Corporate Social Responsibility （CSR） Driven Innovation and Opportunities for Sustainable International Business ［J］. *International Journal of Business and Social Research*, 2018, 8 （3）: 19 –28.

［205］Hart O, Moore J. Property Rights and the Nature of the Firm ［J］. *Journal of Political Economy*, 1990, 98 （6）: 1119 –1158.

［206］Hendry J. Beyond self-interest: Agency theory and the board in a satisficing world ［J］. *British Journal of Management*, 2005 （16）: 55 –63.

［207］Hess D, Warren D E. The meaning and meaningfulness of corporate social initiatives ［J］. *Business and Society Review*, 2008, 113 （2）: 163 –197.

［208］Hyun S, Kim J M, Han J, Anderson M. Female executive leadership and corporate social responsibility ［J］. *Accounting & Finance*, 2021, 62 （3）: 3475 –3511.

［209］Ingram P, Simons T. Institutional and resource dependence determinants of responsiveness to work-family issues ［J］. *Academy of Management Journal*, 1995, 38 （5）: 1466 –1482.

［210］Ingram R W, Frazier K B. Environmental performance and corporate disclosure ［J］. *Journal of Accounting Research*, 1980, 18 （2）: 614 –622.

［211］Jensen M, Meckling W. Theory of the firm: Managerial behavior, agency costs and ownership structure ［J］. *Journal of Law and Economics*, 1976, 3 （4）: 305 –360.

［212］Jha A, Cox J. Corporate social responsibility and social capital ［J］. *Journal of Banking & Finance*, 2015 （60）: 252 –270.

［213］Jo H, Na H. Does CSR reduce firm risk? Evidence from controversial industry sectors ［J］. *Journal of Business Ethics*, 2012, 110 （4）: 441 –456.

［214］ Kabir R, Thai H M. Does corporate governance shape the relationship between corporate social responsibility and financial performance? ［J］. *Pacific Accounting Review*, 2017, 29 (2): 227 – 258.

［215］ Kassinis G, Vafeas N. Stakeholder pressures and environmental performance ［J］. *Academy of Management Journal*, 2006, 49 (1): 145 – 159.

［216］ Kinnear S, Ogden I. Planning the innovation agenda for sustainable development in resource regions: A central Queensland case study ［J］. *Resources Policy*, 2014 (39): 42 – 53.

［217］ Lamb D, Erskine P D, Fletcher A. Widening gap between expectations and practice in A ustralian minesite rehabilitation ［J］. *Ecological Management & Restoration*, 2015, 16 (3): 186 – 195.

［218］ Lee Y – K, Lee K H, Li D – X. The impact of CSR on relationship quality and relationship outcomes: A perspective of service employees ［J］. *International Journal of Hospitality Management*, 2012, 31 (3): 745 – 756.

［219］ Leonard – Barton D. Core capabilities and core rigidities: A paradox in managing new product development ［J］. *Strategic Management Journal*, 1992, 13 (1): 111 – 125.

［220］ Lindblom C K. *The Implications of Organizational Legitimacy for Corporate Social Performance and Disclosure* ［R］. New York: Critical Perspectives on Accounting Conference, 1994.

［221］ Li W, Xu G, Xing Q, Lyu M. Effect of directors' social network centrality on corporate charitable donation ［J］. *Social Behavior and Personality: An International Journal*, 2019, 47 (3): 1 – 9.

［222］ Long W, Li S, Wu H, Song X. Corporate social responsibility and financial performance: The roles of government intervention and market competition ［J］. *Corporate Social Responsibility and Environmental Management*, 2020, 27 (2): 525 – 541.

[223] Luo Y. Guanxi and Business [M]. Singapore: World Scientific Press, 2000.

[224] Marquis C, Glynn M A, Davis G F. Community isomorphism and corporate social action [J]. *Academy of Management Review*, 2007, 32 (3): 925 – 945.

[225] Meadows DH, Goldsmith E, Meadow P. *The Limits to Growth* [M]. New York: New American Library, 1972.

[226] Mellahi K, Frynas J G, Sun P, Siegel D. A review of the nonmarket strategy literature: Toward a multi-theoretical integration [J]. *Journal of Management*, 2016, 42 (1): 143 – 173.

[227] Merrick Dodd. For Whom are corporate managers trustees [J]. *Harvard Law Review*, 1932 (45): 1145, 1160 – 1161.

[228] Meyer J W, Rowan B. Institutionalized organizations: Formal structure as myth and ceremony [J]. *American Journal of Sociology*, 1977, 83 (2): 340 – 363.

[229] Michell G, Mcmanus P. Engaging communities for success: social impact assessment and social licence to operate at Northparkes Mines, NSW [J]. *Australian Geographer*, 2013, 44 (4): 435 – 459.

[230] Miles M P, Munilla L S, Darroch J. The role of strategic conversations with stakeholders in the formation of corporate social responsibility strategy [J]. *Journal of Business Ethics*, 2006, 69 (2): 195 – 205.

[231] Mishra D R. Post-innovation CSR performance and firm value [J]. *Journal of Business Ethics*, 2017, 140 (2): 285 – 306.

[232] Mishra R, Singh P, Sarkar S. Corporate social responsibility for a sustainable inclusive growth in India [J]. *Journal of Management and Development Studies*, 2013, 25 (1): 39 – 58.

[233] Mithas S, Krishnan M S, Fornell C. Why do customer relationship

management applications affect customer satisfaction? [J]. *Journal of Marketing*, 2005, 69 (4): 201 –209.

[234] Moll J, Burns J, Major M, Hoque Z. *Institutional Theory* [M]. London: Spiramus Press, 2006.

[235] Moran C, Franks D, Sonter L. Using the multiple capitals framework to connect indicators of regional cumulative impacts of mining and pastoralism in the Murray Darling Basin, Australia [J]. *Resources Policy*, 2013, 38 (4): 733 –744.

[236] Moratis L, Brandt S. Corporate stakeholder responsiveness? Exploring the state and quality of GRI-based stakeholder engagement disclosures of European firms [J]. *Corporate Social Responsibility and Environmental Management*, 2017, 24 (4): 312 –325.

[237] Okoye A. Theorising corporate social responsibility as an essentially contested concept: Is a definition necessary? [J]. *Journal of Business Ethics*, 2009, 89 (4): 613 –627.

[238] Orazalin N, Baydauletov M. Corporate social responsibility strategy and corporate environmental and social performance: The moderating role of board gender diversity [J]. *Corporate Social Responsibility and Environmental Management*, 2020, 27 (4): 1664 –1676.

[239] Orlitzky M, Schmidt F L, Rynes S L. Corporate social and financial performance: A meta-analysis [J]. *Organization Studies*, 2003, 24 (3): 403 –441.

[240] Ortiz-De-Mandojana N, Aragón-Correa J A, Delgado-Ceballos J, Ferrón-Vílchez V. The effect of director interlocks on firms' adoption of proactive environmental strategies [J]. *Corporate Governance: An International Review*, 2012, 20 (2): 164 –178.

[241] Owen J R, Kemp D. Assets, capitals, and resources: Frameworks

for corporate community development in mining [J]. *Business & Society*, 2012, 51 (3): 382 – 408.

[242] Owen J R, Kemp D. 'Free prior and informed consent', social complexity and the mining industry: Establishing a knowledge base [J]. *Resources Policy*, 2014 (41): 91 – 100.

[243] Porter M E, Kramer M R. The link between competitive advantage and corporate social responsibility [J]. *Harvard Business Review*, 2006, 84 (12): 78 – 92.

[244] Prahalad C K, Hamel G. The core competence of the corporation [J]. *Harvard Business Review*, 1990 (5): 79 – 91.

[245] Rego A, Leal S, Cunha M P, Faria J, Pinho C. How the perceptions of five dimensions of corporate citizenship and their inter-inconsistencies predict affective commitment [J]. *Journal of Business Ethics*, 2010, 94 (1): 107 – 127.

[246] Riordan C M, Gatewood R D, Bill J B. Corporate image: Employee reactions and implications for managing corporate social performance [J]. *Journal of Business ethics*, 1997, 16 (4): 401 – 412.

[247] Rowley T J. Moving beyond dyadic ties: A network theory of stakeholder influences [J]. *Academy of management Review*, 1997, 22 (4): 887 – 910.

[248] Saeidi S P, Sofian S, Saeidi P, Saeidi S P, Saaeidi S A. How does corporate social responsibility contribute to firm financial performance? The mediating role of competitive advantage, reputation, and customer satisfaction [J]. *Journal of Business Research*, 2015, 68 (2): 341 – 350.

[249] Salancik G R, Pfeffer J. A social information processing approach to job attitudes and task design [J]. *Administrative Science Quarterly*, 1978, 23 (2): 224 – 253.

[250] Schnietz K E., Epstein M J. Exploring the financial value of a repu-

tation for corporate Social Responsibility During a crisis [J]. *Corporate Reputation Review*, 2005, 7 (4): 327 –345.

[251] Simpson W G, Kohers T. The link between corporate social and financial performance: Evidence from the banking industry [J]. *Journal of Business Ethics*, 2002, 35 (2): 97 – 109.

[252] Sirmon D G, Gove S, Hitt M A. Resource management in dyadic competitive rivalry: The effects of resource bundling and deployment [J]. *Academy of Management Journal*, 2008, 51 (5): 919 –935.

[253] Smith A. An Inquiry Into the Nature and Causes of the Wealth of Nations [M]. London: Thomas Nelson and Sons, 1887.

[254] Suchman M C. Managing legitimacy: Strategic and institutional approaches [J]. *Academy of Management Review*, 1995, 20 (3): 571 –610.

[255] Sun W, Yao S, Govind R. Reexamining corporate social responsibility and shareholder value: The inverted – U – shaped relationship and the moderation of Marketing Capability [J]. *Journal of Business Ethics*, 2019, 160 (4): 1001 – 1017.

[256] Teece D J, Pisano G, Shuen A. Dynamic capabilities and strategic management [J]. *Strategic Management Journal*, 1997, 18 (7): 509 –533.

[257] Tilling M V. Some thoughts on legitimacy theory in social and environmental accounting [J]. *Social and Environmental Accountability Journal*, 2004, 24 (2): 3 –7.

[258] Turban D B, Greening D W. Corporate social performance and organizational attractiveness to prospective employees [J]. *Academy of Management Journal*, 1997, 40 (3): 658 –672.

[259] Unerman J, Bennett M. Increased stakeholder dialogue and the internet: towards greater corporate accountability or reinforcing capitalist hegemony? [J]. *Accounting, Organizations and Society*, 2004, 29 (7): 685 – 707.

［260］ Valentine S, Fleischman G. Ethics programs, perceived corporate social responsibility and job satisfaction ［J］. *Journal of Business Ethics*, 2008, 77 (2): 159 – 172.

［261］ Van Der Laan G, Van Ees H, Van Witteloostuijn A. Corporate social and financial performance: An extended stakeholder theory, and empirical test with accounting measures ［J］. *Journal of Business Ethics*, 2008, 79 (3): 299 – 310.

［262］ Vlachos P A, Theotokis A, Panagopoulos N G. Sales force reactions to corporate social responsibility: Attributions, outcomes, and the mediating role of organizational trust ［J］. *Industrial Marketing Management*, 2010, 39 (7): 1207 – 1218.

［263］ Votaw D. Genius becomes rare: A comment on the doctrine of social responsibility ［J］. *California Management Review*, 1972, 15 (2): 25 – 31.

［264］ Waddock S. The development of corporate responsibility/corporate citizenship ［J］. *Organization Management Journal*, 2008, 5 (1): 29 – 39.

［265］ Wang D, Feng T, Lawton A. Linking ethical leadership with firm performance: A multi-dimensional perspective ［J］. *Journal of Business Ethics*, 2017, 145 (1): 95 – 109.

［266］ Wang H, Tong L, Takeuchi R, George G. Corporate social responsibility: An overview and new research directions: Thematic issue on corporate social responsibility ［J］. *Academy of Management Journal*, 2016, 59 (2): 534 – 544.

［267］ Wartick S L, Cochran P L. The evolution of the corporate social performance model ［J］. *Academy of Management Review*, 1985, 10 (4): 758 – 769.

［268］ Wernerfelt B. A resource-based view of the firm ［J］. *Strategic Management Journal*, 1984, 5 (2): 171 – 180.

［269］ Wood D J. Corporate social performance revisited ［J］. *Academy of*

Management Review, 1991, 16 (4): 691 –718.

[270] Yu W, Ramanathan R, Nath P. The impacts of marketing and operations capabilities on financial performance in the UK retail sector: A resource-based perspective [J]. *Industrial Marketing Management*, 2014, 43 (1): 25 –31.